AUSZÜGE AUS DEM INHALTSVERZEICHNIS:

- RATTELSCHNECK INTERVIEW — 4
- NEW YORK VS. BERLIN — 13
- LEBKUCHEN JONNY — 30
- WIE KOMMT DAS WISSEN IN DEN KOPF? — 37
- LAS PALABRAS DE LA MONTAÑA — 53
- GEORGIEN, WIE ES WIRKLICH IST — 66
- WAS BISHER GESCHAH — 71
- DIE GESCHICHTE DES COMIC — 98
- TOLERANZ — 104
- STULLI DAS PAUSENBROT — 111
- **ACHTUNG! LESERICHTUNG QUERGESTELLT**
- BOOT AUF DEM NIL — 122
- DIDDLMAUS — 141
- LEIDER PLEITE — 146
- SCHILDERE LIEBER NOCHMAL DIESE MINUTEN IM KRIEG, DIE ÜBERAUS KOMISCH WAREN, OPI! — 152

DIE MEISTEN (FAST ALLE) KÜNSTLER WISSEN (INSGEHEIM), DASS IHRE SACHEN (LETZTENDLICH) SCHEISSE SIND (NATÜRLICH DÜRFEN SIE ES SICH NICHT EINGESTEHEN).

WIR GEHÖREN ZU DEN WENIGEN DIE SAGEN KÖNNEN, DIE MEISTEN SACHEN DIE WIR MACHEN SIND TATSÄCHLICH SEHR GUT.

INTERESSANT.

Ich stehe auf Zehenspitzen weil ich zu spät zu der Veranstaltung ge-kommen bin.
Ich bin zu spät, weil ich auf Zehenspitzen ge-kommen bin.

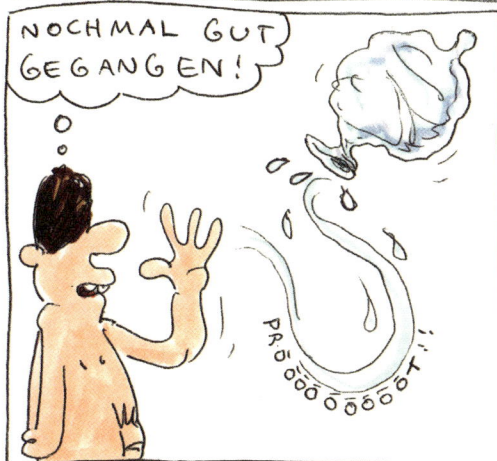

HABE MICH INS BLAUE
HINEIN GESCHMINKT,
FÜR IRGENDEIN
RENDEZVOUS.

"ICH MÖCHTE MEHR ZEIT HABEN FÜR MEINE EREKTIONS-STÖRUNG."

"NEHMEN SIE SIE SICH."

Lebkuchen Jonny

MEIN BART WÄCHST NICHT SCHNELL GENUG.

ICH SCHMIERE HÜHNERKACKE IN DIE BARTMITTE UND LINKS UND RECHTS HONIG.

JONNY!? WARUM HAST DU EINE NASENKLAMMER?

WEGEN DER VERDAMMTEN HÜHNERKACKE. HOFFENTLICH WÄCHST DER BART SCHNELL. JE SCHNELLER, DESTO EHER KANN DIE KLAMMER WIEDER AB.

LOGISCH.

"FRAGEN WIR KLAUS, WENN ER KOMMT, WIE RUM MAN DIE PERÜCKE TRAGEN SOLL."

Lebkuchen JONNY

"EINE FATA MORGANA MIT ALS FUSSBÄLLE BEMALTEN BRÜSTEN."

"UM MIR DIESE ZU ZEIGEN, HAT SIE IHR TOP HOCHGEZOGEN."

"KENNST DU EINE FATA MORGANA, KENNST DU SIE ALLE."

"MEIN MANN UND ICH GEHEN ZU DEM VORTRAG "WIE KOMMT DAS WISSEN IN DEN KOPF?" INS SIEMENS-FORUM. MEIN MANN SAGT: "DURCH POPELN." JETZT BIN ICH MAL GESPANNT."

Lebkuchen Jonny

WORAN ERINNERT MICH DER GERUCH MEINER NEUEN GESICHTSCREME?

KREISCH!!! DER EISWAGEN!

EINE FATA MORGANA. JETZT WEISS ICH WIEDER: MINI-MILK ERDBEER.

KLAUS UND MEINE FREUNDIN BRAUCHEN ABER LANGE!

ACH, ICH WEISS WAS! ICH SEH MAL NACH WAS SIE MACHEN.

Lebkuchen Jonny in

ZUR ABSCHRECKUNG HABEN INKA-INDIANER MENSCHEN AUF KAKTEEN ZELEBRIERT

DAS ERZÄHLT LEBKUCHEN JONNY SEINEM FREUND GUNTHER VON HAGEN

POLNISCHE GRENZE — KÖRPERFABRIK

LEBKUCHEN JONNY IST SPEZIALIST IM PLASTINIEREN VON KAKTEEN.

BEIM BETRACHTEN DES GEMEINSAMEN WERKES, WIRD G.V.H. ANGESICHTS DES KAKTUS SCHLECHT.

WÜRG

OH NO! DA IST SCHON EINER.
Hugendubel
LESE-INSEL
HÖRBÜCHER
DISC MAN

Lebkuchen JONNY im
InterCity Richtung: Berlin Gesundbrunnen
Es kann zu Fahrzeitverlängerungen von ca. 15 Min. kommen, SnackPoint/Imbiss im Zug
SNACK POINT
L.J. VON OBEN MIT GETRÄNK VOR SICH
SITZ-BANK
IN LEIPZIG Hbf (SACKBAHNHOF) WECHSELT DIE FAHRTRICHTUNG
LEIPZIG Hbf
ICH GEHÖRE NICHT ZU DENEN DIE SICH JETZT UMSETZEN.
DA SIEHT L.J. EINE FRAU MIT NYLONS ...
MIT EREKTION GEHT DIE FAHRT WEITER.
ICH KANN MICH GAR-NICHT UMSETZEN, HÄNGE ZWISCHEN TISCH UND SITZ-BANK FEST.

> EINMAL WIE PETER PAN AUF DEM FENSTERSIMS LANDEN.

Long live dreams

Lebkuchen JONNY

SEIN PFERD HAT EINEN STÄNDER.

BEI GEFAHR DAVONGALOPPIEREN IST MIT STÄNDER UNMÖGLICH. ER SCHWENKT AUS UND ES IST, ALS WIRFT MAN DEM PFERD KNÜPPEL ZWISCHEN DIE BEINE.

ES STÜRZT, BRICHT SICH DIE BEINE UND MUSS ERSCHOSSEN WERDEN.

ALLEIN DER HINWEIS DARAUF, LÄSST DIE SCHWELLUNG SCHLAGARTIG ABKLINGEN.

KLICK

HÜH!

> VODKAAUSSCHANK IN APFELSAFTMENGEN ZUM PREIS EINES APFELSAFT IM VODKAGLAS.

"DANN NEHME ICH EINEN VODKA."

Lebkuchen JONNY
2008 JAHR DER MATHEMATIK

IMBISS

"ICH ERHOFFE MIR DURCH DAS 'JAHR DER MATHEMATIK' GUTE GESCHÄFTE."

"EINMAL KARTOFFELSALAT."

"DA BIN ICH ABER FROH. ICH DACHTE SCHON 'EINMALEINS'. ICH BIN GANZ SCHLECHT IN MATHE."

BLA BLA BLA
DARAUS FOLGT: SIE MÜSSEN MÖGEN, WAS SIE TUN, DENN SIE MÜSSEN ES EIN LEBEN LANG TUN. ALSO...

NOCH HABE ICH ANGST IHN AUF DEN MUND ZU KÜSSEN, DAMIT ER ENDLICH SEIN MAUL HÄLT. NOCH...

Lebkuchen JONNY

MENSCH KUTTE, BIST DU RUNTERGEKOMMEN.

SEIT ICH AUF RENTE BIN, GEHT GARNICHTS MEHR.

NA DANN GEH DOCH AUF'S SOZIALAMT.

NEE NEE! DAS IST NICHTS FÜR MICH.

ICH BIN DOCH KEIN ASIOZIALER!!!*

SPÄTER

KUTTE, GUT SIEHST DU AUS.

DAS MIT DEM SOZIALAMT WAR EIN GUTER TIP.

*ER MEINT: ASOZIALER

IST MAL WIEDER DER ZIRKUS IN DER STADT?
NÖ! NUR WIR ZWEI.

Lebkuchen JONNY PRÄSENTIERT
NEU-KÖLLN
ANGST VORM STERBEN VERFOLGT MICH NICHTMEHR SO.
ENTWEDER ICH BLEIß LIEGEN, ODER ICH GEHE.
DIE MAREN HAT HAT'S SCHON BIS IN'S KOMA GESCHAFFT. EINER DARF FRÜHER, EINER MUSS SPÄTER.
IST IMMER FÜNF VOR ZWÖLF! BRAUCHST GARNICHT AUF DIE UHR KUCKEN.
ICH SAG' IMMER: "UHR STEHT."
HA HA

OLIVER KAHN BEIM GOLF

"WIR WOLLEN EUCH KÄMPFEN SEHEN!"

"DER TRAINER IST TOTAL SAUER, LASS UNS LIEBER BESSER SPIELEN."

BLUTGRÄTSCHE. DIE WAHRHEIT ÜBER DEN 15. SPIELTAG. VON KLAUS BITTERMANN & Lebkuchen JONNY

Für mich fand das Spitzenspiel in Bremen statt. Dort ging es gegen Frankfurt, und das sind die beiden Mannschaften, die mir am sympathischsten sind. K.B.

"MIR SIND NUR DIE EINTRACHT-FANS SYMPATHISCH."

"DAS SAGE ICH IHNEN BEI AUSWÄRTSSPIELEN, UM AN DAS LEITUNGSWASSER IN IHREN ZUHAUSE ABGEFÜLLTEN FLASCHEN RANZUKOMMEN."

"DAS **FFM**er LEITUNGSWASSER IST BESONDERS WEICH."

"ICH WASCHE MIR DAMIT GERNE DIE HAARE."

VORHER

NACHHER

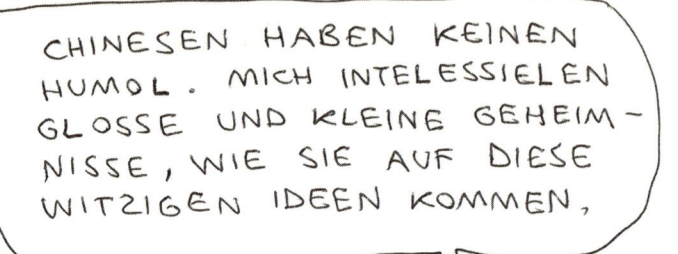

CHINESEN HABEN KEINEN HUMOL. MICH INTELESSIELEN GLOSSE UND KLEINE GEHEIMNISSE, WIE SIE AUF DIESE WITZIGEN IDEEN KOMMEN.

DEUTSCHE SIND SCHWÄRMERISCHER. SAGEN: "WIE KOMMEN SIE BLOS AUF DIESE WITZIGEN IDEEN.

Lebkuchen JONNY
DAS DATE

DAS MUSS SIE SEIN. TREFFPUNKT KAKTUS. WIE VEREINBART.

BIN GESPANNT WIE ER AUSSIEHT.

ICH SAH IHN IM TIERHEIM UND WAR BEEINDRUCKT, WIE ER SEINE UMWELT KONTROLLIERT.

DAS FORT DER VERDAMMTEN

LEBKUCHEN JONNY UND HOTTEHÜ BEGEGNEN SERGEANT SENSIBEL

WER WIRFT DENN DA EINEN SCHATTEN-SCHÄFERHUND?

SERGEANT SENSIBEL MIT DER HAND GEGEN DIE SPÄTE SONNE...

UM NICHT SCHNÖDE ZU TRAMPEN. ICH STOPPE HOTTEHÜ.

ÜBRIGENS: BEWEGT MAN DEN DAUMEN, WACKELT DER SCHATTEN-SCHÄFERHUND MIT DEM OHR.

UND SO HAT ER EIN SCHLAPPOHR.

"EIN DANKBARES MOTIV. ICH KANN NÄMLICH KEINE HÄNDE."

Lebkuchen JONNY

ICH BIN LANGE AUF KLAPPRÄDERN GEFAHREN, ABER DIE BRECHEN IRGENDWANN AM KLAPPGELENK.

KLAPPERGÄULE BRECHEN AUCH IRGENDWANN. MEINE ELTERN HABEN MIR EINEN GUTSCHEIN ÜBER EIN KLAPPRAD ODER KLAPPERGAUL GESCHENKT.

UND HAST DU DEN GUTSCHEIN SCHON FÜR DEN GAUL DA EINGELÖST, ODER WARTEST DU BIS DER GAUL DA ZUSAMMENBRICHT UND HOLST DIR EIN KLAPPRAD?

HEE!!! WIE REDEST DU ÜBER MEINEN BRANDNEUEN KLAPPERGAUL!?

"HIER, MEIN GELIEBTER, STEINREICHER GÖTTERGATTE, EIN WOCHENENDE EXTREMBERGSTEIGEN. FÜR DICH ZUM FÜNFUNDNEUNZIGSTEN VON DEINER LEBENSHUNGRIGEN JUNGEN FRAU!"

Lebkuchen JONNY

PUFF

Er sagte, sein Name sei Lebkuchen Jonny.

Der Sand entzieht sich der Zahl, und wie viele Freuden jener Mann anderen bereitete, wer vermöchte es zu sagen?

PUFF

DU?

NÖ.

DAS WAR...

EINE HERVORRAGENDE AUSWAHL DER BESTEN

Lebkuchen JONNY

"ALSO, AUF DER NÄCHSTEN SEITE, EINE AUFZEICHNUNG DER LUFTFEUCHTE ÜBER EINEN MONAT, WÄHREND EINER RATTELSCHNECK-AUSSTELLUNG."

DR. KNOW

"DER KÜNSTLER WAR BEI DER ERÖFFNUNG ANWESEND (HOHE LUFTFEUCHTE),"

"DANN STEIGT DIE KURVE NOCHMAL (DA HAT WOHL JEMAND GELACHT),"

"AM SCHLUß, WAR DAS AUFZEICHNUNGSGERÄT WIEDER ALLEIN."

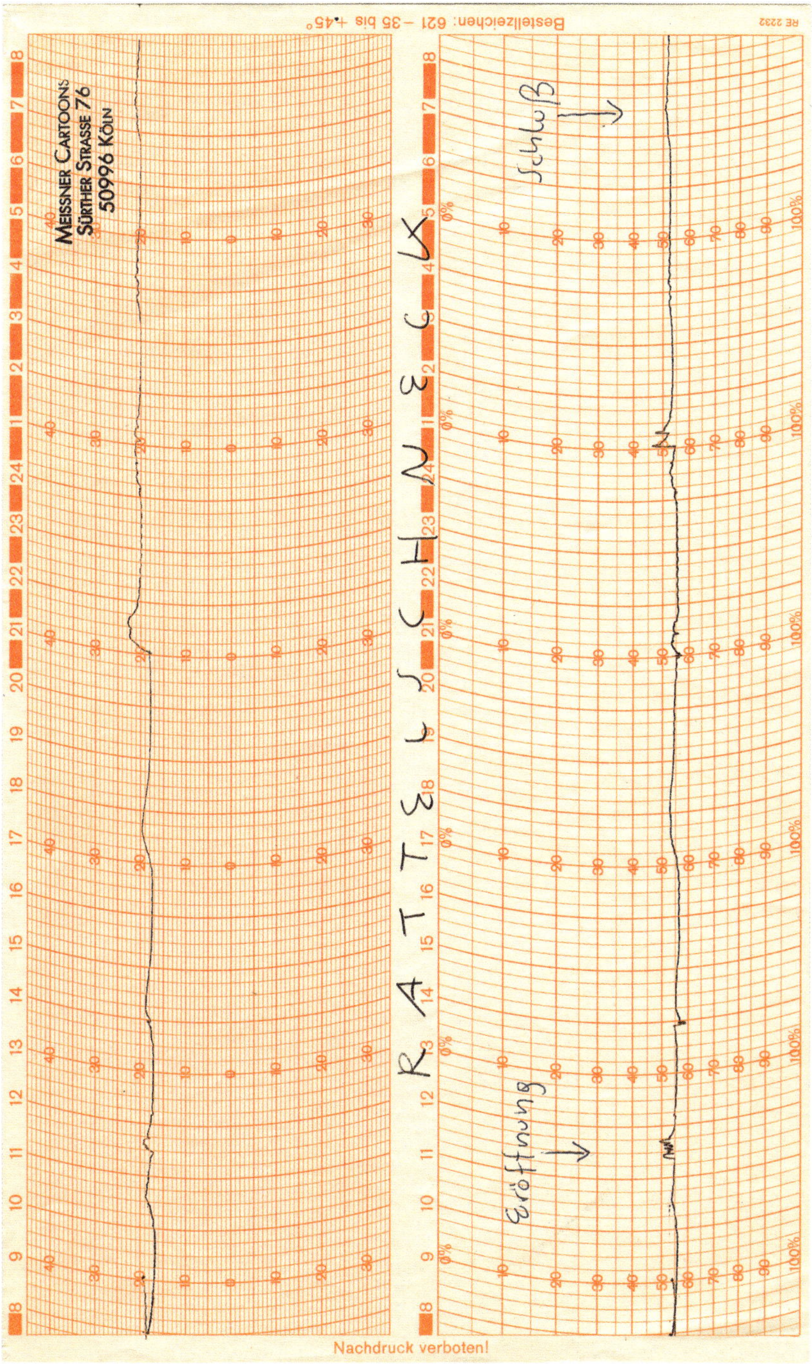
Bestellzeichen: 621 -35 bis +45°
RE 2232
MEISSNER CARTOONS
SÜRTHER STRASSE 76
50996 KÖLN
Schluß
Eröffnung
Nachdruck verboten!

WALT DISNEYS MICKY MAUS MAGAZIN

IN DER KRISE UND DIESES TEAM SOLL IHM WIEDER RAUSHELFEN:

BILL WALSH (STORY)

MANUEL GONZALES (ZEICHNUNG)

ÜBERSETZUNG: JOACHIM STAHL

"STORY" LASS ICH. KLINGT "FRESH", GUT, KLASSE, VOLL FETT, DER HAMMER UND SO.

DIESES KINDERBUCH LIEGT AUF MEINEM ARBEITSTISCH UND DAUERND STARRE ICH AUF DIESE SZENE...

SO, WIE ICH ALS KIND LANGE EINER SCHNECKE ZUSAH UND VON MEINEM VATER DABEI BEOBACHTET WURDE,

BEOBACHTET MEINE FREUNDIN MICH HEUTE MANCHMAL.

VATER GLAUBTE AN EIN INTERESSE AM BEOBACHTEN BEI MIR UND LANGSAM BILDETE SICH DIE ABSICHT EINEN NATURFORSCHER AUS MIR ZU MACHEN..

DER KLEINE NATURFORSCHER KASTEN

...ODER FUSSBALLER!?

DER KLEINE NATURFORD...

DIE SCHACHTEL HABE ICH NOCH.

WARNUNG, AUS MIR WAS "MACHEN" ZU WOLLEN.

RATTELSCHNECK

IN DEN USA
"WÄHLST DU OBAMA ODER CLINTON?
MC CAIN MIT HUCKABEE ALS VIZE.
WAAS ?!
DU BIST DOCH IMMER LINKS VON MIR GEWESEN.
BIN ICH IMMER NOCH.
OBAMA SCHLEIMT SICH BEI DEN WÄHLERN EIN WIE EINE LÄUFIGE NACKTSCHNECKE UND CLINTON NERVT TOTAL MIT IHRER VERRUTSCHTEN GUMMIPUPPENGESICHT-BEGEISTERUNG.
DA IST MIR EIN STEIN-ALTER MC CAIN LIEBER.
DA KANN MAN NOCH HOFFEN, DASS ER DIE ERSTEN 100 TAGE ÜBERLEBT!!
UND DANN WIRD HUCKABEE PRÄSIDENT!?
DU BIST JA WAHNSINNIG!
DAS WÜRDE GOTT NIE ZULASSEN, VIZE HUCKABEE TRIFFT EIN BLITZ UND WER WIRD PRÄSIDENT?
WER?
SPEAKER OF THE HOUSE, NANCY PELOSI!
MEINE WUNSCH-KANDIDATIN!
ICH LIEBE NANCY PELOSI!

VERSTEHE! ANGENOMMEN NANCY PELOSI STIRBT EBENFALLS...
NANCY!?
NUR MAL ANGE-NOMMEN!
RÄUSPER – ÄH – WER KÜMMERT SICH DANN UM IHREN MANN?
ACH SO.
DA GIBT ES SO SOZIALE EINRICHTUNGEN.
HM!
NOCH 'NE FRAGE: WENN PELOSI STIRBT...
NANCY!?
ANGENOMMEN
WER WIRD DANN PRÄSIDENT UND DANN UND DANN UND DANN?
KOMME ICH IRGEND-WANN AUCH MAL DRAN?
ALS SCHWARZER OHNE CHARISMA GE-SCHWEIGE GATTIN? UND ICH BIN AUCH NOCH DA.
ES GIBT EINE GEHEIME LISTE, DIE BEI TOM CRUISE IM SAFE LIEGT. DA STEHST DU AUF PLATZ DREIHUNDERT UND VIER MILLIONEN. SORRY.
WAAS? ES GIBT DOCH BLOSS 300 MILLIONEN AMIS.
JA, ABER BEVOR DIE SCHWARZEN DRAN SIND, KOMMEN ERSTMAL DIE NORWEGER DRAN
WEGEN DES ÖLS.
MONEY TALKS.
SORRY.
END

MEIN BLOCK
SIE HAT BEI ENDRICH GEKLINGELT!
WIR WOLLEN EIN PAAR HISTORISCHE SZENEN NACHSTELLEN UND WISSEN NICHT WIE DER SELBSTAUSLÖSER GEHT.
ÄH! VIELEN DANK IM VORAUS FR. ENDRICH. ERZÄHLEN SIE IHREM MANN NICHTS DAVON.
TUT MIR LEID! ICH KRIEG'S NICHT HIN. WO IST DIE GEBRAUCHS-ANLEITUNG?
ICH KUCK MAL WIE SELBST-AUSLÖSER GEHT, ERKLÄR'S IHNEN UND GEH' WIEDER.
AN-LEI-TUNG
DAS IST SUPERNETT!
ABER BITTE IHREM MANN NICHTS ERZÄHLEN.
KURZ DARAUF
HAHAHA!
WAS HABEN DIE WEGERTS FÜR EIN KAMERAMODELL? DAS MUSS ICH MIR SELBST ANGUCKEN!
HERR ENDRICH! WAS FÜR EINE ÜBERRASCHUNG!
?
HAHAHA!
ICH DACHTE SIE KÖNNTEN EVTL. DAS HIER GEBRAUCHEN.
MEINE VIDEOKAMERA! FÜR IHREN HOMEMOVIE.
ICH BIN DER KAMERAMANN.

WIESO SIND SIE IN DIESER ANGELEGEHEIT VIEL LOCKERER ALS IHRE FRAU?
WEIL ICH WEISS WER SCHULD IST AN "DIESEN" FOTOS. BILL CLINTON.
OHNE IHN HÄTTEN DIE JUNGEN AMERIKANER NIE VON SOLCHEN SEXPRAK-TIKEN GEWUSST.
UND IHRE FRAU, WIE DENKT SIE DARÜBER?
WIR REDEN ZUHAUSE NICHT ÜBER POLITIK.
ICH MEIN JA BLOSS, WEIL WIR ZU ZWEIT KEINE ANSTÄNDIGE PYRAMIDE HINKRIEGEN.
ICH GLAUBE DER PETROWICZ AUS DEM ZWEITEN HAT EIN PROFISTATIV.
DER AUS DER UKRAINE?
JA! DER IMMER SO SCHWITZT.
SPÄTER
ICH WUSSTE GARNICHT, WIEVIELE IN UNSEREM HAUS PROFESSIONELLE KAMERAAUSRÜSTUNG HABEN.
BLITZ
NOCH SPÄTER
HERR DR. SCHULZ AUS DEM 4 TEN HAT DIE MEISTEN NACHBESTELLUNGEN. ER HAT OHNE ANTI-ROTE-AUGENBLITZ GEKNIPST. ROTE AUGEN SCHEINEN AUF SOLCHEN FOTOS GUT ANZUKOMMEN.
ENDE

DIESE SZENE KENNT JEDES KIND...
ABER NUR EINE ZEICHNER-MINI-GRUPPE UMRINGT VON EINEM HAUFEN AHNUNGSLOSER UND UNTERBELICHTETER ARSCHKRAMPEN WEISS WIE ES WEITERGEHT.
HILFE!
?...
KANN ICH IHNEN IRGENDWIE BEHILFLICH SEIN?
?

!
?
TUFF
KÖNNTEN SIE MIR BITTE MEINEN HUT RUNTER – WERFEN ? ICH MÖCHTE MEINE "KAHLE STELLE" LIEBER SCHNELL WIEDER BEDECKEN!
ABER WIESO DENN ? MÄNNER MIT GLATZE GELTEN DOCH ALS SEHR VIRIL !
VIRIL ? DAS EINZIGE LOCH MIT PFEFFERMINZ DRUMRUM ?
SIE MACHEN MICH GANZ NARRISCH MIT IHRER GLATZE. UND BESONDERS FEUCHT WERDE ICH BEI GLATZEN IM DUNKELN MIT RESTLICHT DRAUF – GAAANZ TIEF UNTEN!!!
ICH STEHE AUF FRAUEN MIT FÜLLIGEN HAAR AUF DEM TUFFIG EIN HERRENHUT AUFLIEGT UND BRÜSTE AM ABGRUND.
HAHA, SIE SIND JA EIN GANZ SCHLIMMER!
SIE HABEN MICH AUF EINE IDEE GEBRACHT.

?
VIVIL
HAPS
QUIETSCH
QUIETSCH
SPUCK
?
BON APETIT! HAB ICH MAL AUF DEM PLAYBOY-CHANNEL GESEHEN.
QUALM
GLÜH
SPRITZ
TROPF
TOLL, WENN MAN HELFEN KANN!
ENDE

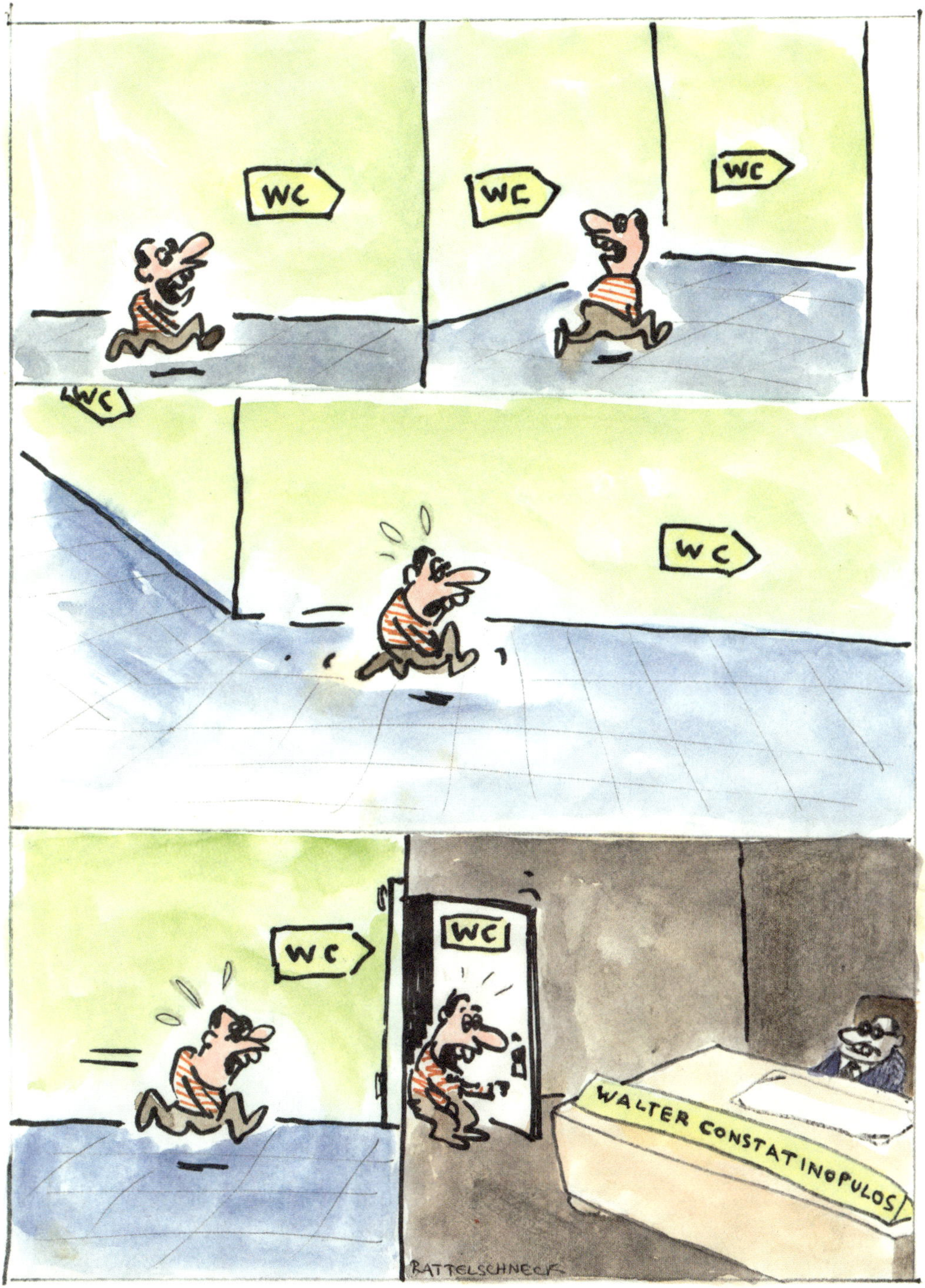
WC
WC
WC
WC
WC
WC
WC
WALTER CONSTATINOPULOS
RATTELSCHNECK

HEUTE IN DER BRILLENKRITIK:
ROGER WILLEMSEN. WAS FÄLLT UNS DAZU EIN?
KÖNNEN WIR MAL VISUALS HABEN?
KLICK!
AH-JA! WEISS BESCHEID.
SO EINE DÜNNERE VERSION DER WOODY-ALLEN-BRILLE. BEDEUTET: BIN INTELLEKTUELL UND WITZIG, ABER NICHT ZU VULGÄR. UND VORALLEM NICHT SO JÜDISCH WIE WOODY ALLEN.
ALSO ZU GLEICHEN TEILEN MANHATTAN UND WINTER-HUDE.
MEINE MUTTER FINDET ROGER WIL-LEMSEN CHARMANT.
CHAR-WAS? CHARF!?
CHARMANT!
SORRY! DR. PFEIFENKOPF HÖRT SCHLECHT.
DR. WER?
PFEIFEN-KOPF!!!
DAS BIN ICH. SIE WÜNSCHEN?
MÄNNER-MIT-PFEIFE-KRITIK. DAS WÄR'S!
ENDE

TEIGBALL UND ROLLHOLZ

SCHILD

FROH ZU SEIN
BEDARF ES
WENIG

DA BIN ICH ABER FROH.

NEULICH IN NEUKÖLLN

Ich wohne eigentlich gerne hier.

TÜRKISCHE JUGENDLICHE!!!

"Entschuldigung! Wo ist die Sanderstrasse?"

"Die ist hier irgendwo."

"Die muss hier, ganz in der Nähe sein. Lassen Sie mich kurz..."

"Da steht Sanderstrasse! HAHA HAHA HAHA"

SANDER

SANDERSTR.

HAHAHA

PEINLICH! ICH HÄTTE WISSEN MÜSSEN, DASS DA DIE SANDERSTRASSE IST.
ANDERERSEITS ORIENTIERE ICH MICH GANZ ANDERS. ICH KUCK EHER NACH KNEIPEN UND GESCHÄFTEN.
Z.B. BEIM KINSKI-CLUB GEGENÜBER, DA WOHN ICH.
ICH HÄTTE SAGEN SOLLEN...
HA HAHAHAHAHA HA
JA, DA STEHT SANDERSTRASSE
UND ICH BIN SEHR FROH, DASS DU LESEN KANNST. SEHR SEHR FROH!
ZURÜCK IN DER WOHNUNG...
HIER TITANIC-CHEFREDAKTION! IST VORHERIGES BILD/TEXT NICHT RASSISTISCH!?
FRECHHEIT! WOLLEN SIE BEHAUPTEN ICH SEI RASSIST!?
RASSISTISCH
KOMMT REIN! ICH HAB' ZWAR KEINE STÜHLE, ABER IHR SITZT JA SOWIESO LIEBER AUF DEM BODEN.
RASSISTISCH

GEORGIEN WIE ES WIRKLICH IST, UNGESCHMINKT
IN GEORGIEN RASIEREN SICH DIE FRAUEN, DAMIT MAN SIE NICHT MIT DEN PFERDEN VERWECHSELT.
JALLA RAKAKA RABI BUM
GEORGISCHES RASIERLIED
KUCK MAL, ANASTASIA! GERADE HAB' ICH MIR DEN SCHWEIF RASIERT, SCHON IST ER NACHGE-WACHSEN!
ICH WEISS
ES IST NICHT LEICHT.
ZUM GLÜCK MACHT ES MEINEM JIRI NICHTS AUS.
JA, MANCHE MÖGEN'S 'HÜ-HOTT"!
HAHA!
DER WAR GUT!
WIE KOMMST DU BLOSS AUF SOWAS? WIR GEORGIER HABEN DOCH BEKANNTLICH KEINEN HUMOR.
HAB ICH IN EINEM BUCH GELESEN.
"SO LACHT RUSSLAND..."
?

... ÜBER GEORGIEN
HA HA HA! DER WAR GUT! ÜBER GEOR-GIEN!
WORAN ERKENNT MAN, DASS EIN GEORGISCHES FLUGZEUG IM ANFLUG IST?
?
ES HAT HAARE UNTER DEN FLÜGELN!
WIEHER!!
HALT!
OH! EIN POLIZEIPFERD - ÄH - EINE POLIZISTIN.
POLIZEI
WO GIBT'S DENN SOWAS? 2 UNRASIERTE FRAUEN AUF DER STRASSE.
POLIZI
SO WERDEN WIR NIE IN DIE EU AUFGENOMMEN!! BEGEBEN SIE SICH SOFORT IN EINEN SCHÖNHEITSSALON! MEINE KOLLEGINNEN SCHWÖREN AUF DEN DA VORNE.
POLI
NADJAS BEATY OASE
ANGEBOT! BEINRASUR BIS ZUM KNIE 1/2 PREIS
POLIZE
HUII! WAS FÜR EIN WIND!!
WIR BRAUCHEN UNBEDINGT DIESE GEWICHTE FÜR TISCHDECKEN AM PFERDEKOSTÜM.
DIESE ERDBEER-FÖRMIGEN? NIEMALS!!!
POLIZI
ALSO, ICH HÄNGE MIR HINTEN WELCHE HIN!

Witzezeichner im Ruhestand
IN MEXIKO (WEIL ES DA BILLIGER IST)
heute:
RATTELSCHNECK IM RUHESTAND
3X KLINGELN
(RUHIG ÖFTER VERSUCHEN!)
WITZEZEICHNER VERSCHWINDEN NICHT EINFACH SO. SIE SITZEN IRGENDWO UND ERZÄHLEN SICH (SELBST) WAS, ODER SAGEN NICHTS.
JETZT HAB ICH VERGESSEN WAS ICH SAGEN WOLLTE... UND WEM
ACH OLAV.
HÜTE-TAUSCH!
HAHAHA
WEISST DU NOCH, WIE DIE LEUTE GEFRAGT HABEN: "WER IST RATTEL UND WER IST SCHNECK?" UND DAS WITZIG FANDEN? ALLE TOT.
WEISST DU NOCH, WIE DIE LEUTE GEFRAGT HABEN: "WER MACHT DIE ZEICHNUNGEN UND WER MACHT DIE TEXTE?" UND BEI KATZUNDGOLDT MACHT GOLDT DIE TEXTE UND KATZ DIE ZEICHNUNGEN. BEI RATTELSCHNECK NIEMAND MEHR.

ICH HABE EINE WISSENSCHAFTLICHE LESERUMFRAGE ÜBER COMICS UND CARTOONS GELESEN.
DIE LESER MÖGEN KEINE COMICS UND CARTOONS, DIE SCHLECHT GEZEICHNET SIND. IST DAS NICHT TOTAL INTERESSANT?
JA, TOTAL, OLAV!
UND DANN KOMMT DA SO EIN JUNGER BURSCHE WIE ULLI STEIN DAHER UND DIE LEUTE LIEBEN SEINE SACHEN.
WÜRDE MICH TOTAL ANÖDEN IMMER UND IMMER WIEDER DIESELBEN FIGUREN ZU ZEICHNEN.
GENAU! UND WENN MAN SEINE SACHEN LIEST, SIND ES IMMER DIESELBEN WITZE.
FRÜHER HABEN SICH DIE ZEICHNER NOCH MÜHE GEGEBEN.
FRÜHER HABEN SICH DIE LEUTE NOCH FEIN ANGEZOGEN, BEVOR SIE IN EIN FLUGZEUG GESTIEGEN SIND.
HEUTE SIEHT ES IN EINEM FLUGZEUG AUS WIE IN EINER SAMMELUMKLEIDE.
UND DIE ZEICHNER GEBEN SICH KEINE MÜHE MEHR.
ENDE

"DIRK & TAUCHER" SPIELT IN LANGENHORN & SASEL, DIE ANNAHME DIRK & TAUCHER SEIEN NAHEZU UNVERSCHLÜSSELT RATTELSCHNECK GEHT VÖLLIG FEHL. RICHTIG IST, RATTELSCHNECK HIELTEN SICH AUSSCHLIESSLICH IN WELLINGSBÜTTEL & BERGSTEDT AUF. KENNER DES HAMBURGER NORDOSTENS WISSEN, ÜBERHAUPT KEIN VERGLEICH!!!

RATTELSCHNECK
was bisher geschah
DA WO WIR WOHNEN, FÄHRT DER BUS NUR ALLE 30 MINUTEN.
H
ZAPPA
WUSSTEST DU, DASS UNSER STADTEIL KEINE EINZIGE BERÜHMTE PERSÖNLICHKEIT HERVORGEBRACHT HAT?
ZAPPA
KEINE DICHTER, FILMSTARS, MUSIKER. AUSSER DER "OLD MERRYTALE JAZZBAND", NATÜRLICH.
NATÜRLICH!
UND WORAN LIEGT'S? AN DER HALBHERZIGEN VERKEHRSANBINDUNG!
?
ZAPPA
BERÜHMTE LEUTE KOMMEN NÄMLICH ENTWEDER AUS EINER ZEIT, IN DER ES GAR KEINEN ÖFF. NAHVERKEHR GAB...
ÖFF?
... SIEHE NERO ODER CALIGULA, ODER ABER AUS ECHTEN NAHVERKEHRS-ELDORADOS: BARBARA STREISAND, NEW YORK,
DIE BEASTIE BOYS, EBENDA.
'N PAAR GUTE LIEDER HABEN DIE ABER SCHON DRAUF BEI DER "OLD MERRYTALE JAZZBAND"!!!
ZAPPA

RATTELSCHNECK
was bisher geschah
ICH BIN DEIN BESTER FREUND, STIMMT'S ?
JA, SCHON. WARUM FRAGST DU?
ZAPPA
ICH BRAUCHE GEWISSHEIT.
ZU DIESEM ZWECK HABE ICH MIR DIE ULTIMATIVE MUTPROBE ÜBERLEGT.
ZAPPA
BITTE NICHTS MIT FEUER ODER KLETTERN ODER MÄDCHEN!
ZAPPA
DU KANNST DIR EINE VON ZWEI MUTPROBEN AUSSUCHEN: ENTWEDER DU SCHMEISST HEUTE NACHT DAS SCHLAFZIMMERFENSTER MEINER ELTERN EIN...
GULP
ODER... ÄH... DU MUSST EIN BRENNENDES HOCHHAUS AUSSEN HOCHKLETTERN UND EIN MÄDCHEN RETTEN.
OK, OK!!! ICH NEHM DAS FENSTER!
ZAPPA
DU LENKST MEINE ELTERN LANG GENUG AB, DASS ICH MEINE BESCHLAGNAHMTE BIG JIM PUPPE BEFREIEN UND ES WIE EINEN EINBRUCH AUSSEHEN LASSEN KANN! OK?
OK!
ZAPPA
BIS NACHHER DANN.
WAHNSINN!! WO DIRK JETZT WIEDER EIN BRENNENDES HOCHHAUS HERGENOMMEN HÄTTE?!

RATTELSCHNECK

Was bisher geschah

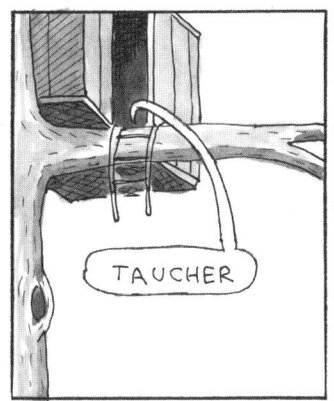

TAUCHER

– DIESES BAUMHAUS HAT KEINEN STIL!
– STIMMT!

– AN EINER STRICKLEITER HOCHKLETTERN IST MIR AUF DAUER ZU BANAL.
– EBEN!

– UND VIELLEICHT AUCH ZU ANSTRENGEND.
– MEINE REDE!

– SCHÖN WÄRE, WENN DER STAMM MITTEN DURCH GEHEN WÜRDE.
– GENAU!

– ES IST ENTWÜRDIGEND UND FRUSTRIEREND, DASS WIR IN UNSEREM ALTER NOCH AUF SO EINEM BAUMHAUS HOCKEN MÜSSEN. WIR MÜSSEN WAS TUN!
– JA! LASS UNS IRGENDWAS UNTERNEHMEN.

– WASSERBOMBEN AUF PASSANTEN!?
– GENIAL!

RATTELSCHNECK
was bisher geschah
HE TAUCHER! WAS MACHST DU SO FRÜH DRAUSSEN?
MUSS ZUR FRÜHSTUNDE.
UND DU?
SENILE BETTFLUCHT.
HÄ?!
HAB ICH VON MEINEM GROSSVATER GEERBT. DAS UND SEINE GOL-DENE UHR.
MEINER HAT MIR SEIN RASIERZEUG VERMACHT.
UND EIN SPARKONTO MIT 500 DM DRAUF, AN DAS ICH ABER ERST AN MEINEM SECHZEHNTEN DRAN-KOMME.
DA HAB ICH JA RICHTIG GLÜCK GEHABT, DASS ICH MEIN ERBE SO FRÜH ANTRETEN KANN!
SO FRÜH MORGENS?

RATTELSCHNECK

Was bisher geschah

He Taucher! Lass uns Äpfel klauen!

Äpfel klauen?!? Das gibts doch nur noch im Sonntag Nachmittagsprogramm.

Ich meine ja auch genmanipulierte Riesenäpfel aus dem Unilabor!

Cool!

Gib mir Räuberleiter!

So geht Räuberleiter?

Ah! Dr. Frankensteins Kernobst!

Und was machen wir jetzt?

Ich habs: Wir informieren die Presse. Oder besser: Wir geben die Äpfel an Greenpeace! Ja?!?

Ich dachte wir schmeissen sie einfach auf vorbeifahrende Autos.

RATTELSCHNECK
was bisher geschah
DIRK, ICH KANN DIR AN DER NASENSPITZE ANSEHEN, OB DU LÜGST!
?
WIE DENN DAS?
ZAPPA
MIT DIESEM DETEKTOR!
ZEIG HER! SELBSTGEBASTELT?
NEIN! DAS IST NEU AUS DER WELTRAUMFORSCHUNG!
BLIP, BLIP, BLIP, SCHLÄGT AUS WIE VERRÜCKT!
SELBER BLIP, BLIP! SO GEHÖRT DAS NÄMLICH!
... UND TSCHÜSS!
BELEIDIGT?
QUATSCH!
BLIP BLIP, BLIP

RATTELSCHNECK
Was bisher geschah
WOAHAHA! COOLE BRILLE
SELBSTGEMACHT. AUS VERSPIEGELTER DEKOFOLIE!
ZAPPA
WILLST MAL AUFSETZEN?
WOAHAHA!! UNCOOLE BRILLE!
ZAPPA
SETZ LIEBER SCHNELL DAS SPIEGELDING WIEDER AUF!
ZAPPA
DU HAST JA KEINE AHNUNG WIE FIES DEIN KASSENGESTELL AUSSIEHT!
OH DOCH!
ZAPPA
ICH HABE ES LEBHAFT VOR AUGEN!
HÄ?
ZAPP
EINSEITIG VERSPIEGELT WAR AUSVERKAUFT.
ZAPPA

RATTELSCHNECK

Was bisher geschah

"Dirk, hast du dich gestern bei der Kirchendisko gut amüsiert?"

"Erinner mich nicht daran und sprich etwas leiser!"
"Komisch... (etwas leiser)"

"(Noch leiser) Ich scheine braunen Tequilla mit Orangenscheiben und Zimt besser zu vertragen."
AAAH

"Hier. Das hast du gestern vergessen."
"Ist nicht meins. Hab ich noch nie gesehen."

"Aber ausgetrunken! Das ist der ″Fiesta-Bucket″, den du behalten darfst, wenn du ihn in einem Zug austrinkst."
WIMMER

"Bevor dir jetzt schlecht wird und du vielleicht den Eimer brauchst, kippe ich ihn aus..."

"Sind noch die Mexikanerhüte von den leeren Flaschen drin."

RATTELSCHNECK
was bisher geschah
HE TAUCHER! WARUM SO STILL?
ICH HAB GERADE EINEN ENTSCHLUSS GEFASST.
ICH WERDE MUSEUMSWÄRTER.
WIESO DENN DAS?
ICH KANN IM STEHEN SCHLAFEN.
DAS IST UNBEZAHLBAR – UNTER MUSEUMS-WÄRTERN.
ICH WÜRDE LIEBER ASTRONAUT WERDEN. DIE SCHLAFEN AUCH IM STEHEN UND IST TAUSENDMAL INTE-RESSANTER.
ALLEIN SCHON WEGEN DER SCHWERELOSIGKEIT.
DANN WILL ICH AUCH ASTRONAUT WERDEN. DARF ICH MIT-KOMMEN?
KLAR! ALLEIN, WEIL DIR STÄNDIG DIE BRILLE WEGSCHWEBT.

RATTELSCHNECK
was bisher geschah
HÖR MAL, WAS HIER STEHT, DIRK!
ICH HÖRE, TAUCHER...
NACH EINEM UNFALL AM WAGEN NICHTS VERÄNDERN, NOTFALLS MIT BEULE WEITER-FAHREN.
UND WENN DIE WINDSCHUTZSCHEIBE VOLLER BLUT IST?
VON INNEN ODER VON AUSSEN ?
GUTE FRAGE.
DIE IMMER NOCH UNBEANT-WORTET IST.
OK! MEINETWEGEN VON AUSSEN BLUT-VERSCHMIERT.
HMM... DAZU STEHT HIER NICHTS.
DANN EBEN VON INNEN!
VON INNEN?!? DA BRAUCHST DU DIR DEN KOPF DANN AUCH NICHT DRÜBER ZU ZER-BRECHEN!

RATTELSCHNECK
was bisher geschah
HALLO TAUCHER! WO GEHST DU HIN?
HALLO DIRK!
ICH GEH IN DEN WALD. ICH WILL ALLEINE SEIN.
UND WAS HAST DU DA IN DER HOSE?
EINE SPAN-SCHACHTEL KÄSE.
KÄSE?
GRRR!!!
WIE MEINE MUTTER!
WO GEHST DU HIN? WAS HAST DU DA IN DER HOSE?
ZAPPA
JETZT FEHLT NUR NOCH, DASS DU SAGST: "IST ES NICHT GEFÄHRLICH ALLEIN IM WALD?"
UND "DU MAGST KÄSE?"
ZAPPA
NA LOS! SAG SCHON!!
ICH HÖRE!
ZAPPA
ZAPPA
ALS DEIN BESTER FREUND SAGE ICH JETZT NICHTS, UM DICH SCHON MAL AUF DAS SCHWEIGEN IM WALDE EINZUSTIMMEN.
ZAPPA

RATTELSCHNECK
was bisher geschah
HE TAUCHER! WAS STARRST DU DA HOCH?
DA. DER TEDDY VON MEINER KLEINEN SCHWESTER.
UND WIE IST DER DA HOCH GE- KOMMEN?
HABE ICH DA HOCH- GEWORFEN. AUS VERSEHEN.
AUS VERSEHEN?
ZAPPA
SOLLTE EIGENTLICH IN DER REGENRINNE LANDEN.
JETZT MUSS ICH IHN WIEDER RUNTERHOLEN. SAGT MEINE MUTTER. IST ABER TECHNISCH UNMÖGLICH.
WORAUF WARTEST DU DANN NOCH? AUF EINEN WINDSTOSS? ODER AUF EIN VÖGELCHEN, DASS IHN DIR RUNTER WIRFT?
ICH WARTE DARAUF, DASS MEINE KLEINE SCHWESTER AUS DEM TEDDYALTER RAUS- WÄCHST.
ZAPPA

RATTELSCHNECK
was bisher geschah
HE TAUCHER! WOHIN DES WEGS?
IN DEN WALD
ZAPPA
ICH KOMME MIT!
NEIN! DAS GEHT NICHT!
ICH MUSS ALLEIN SEIN UND VERSCHIEDENE DINGE TUN!
WAS DENN?
STRENG GEHEIM!
INTERESSANT! ICH FOLGE DIR.
OK! ICH VERRATE DIR EINEN TEIL UND DAFÜR LÄSST DU MICH IN RUHE.
ABGEMACHT!
ER HAT ES SICH AUFGESCHRIEBEN?
ERST GEHE ICH IN DEN WALD. DANN SEHE ICH EINEM EICHHÖRNCHEN ZU, DANN LAUSCHE ICH EINEM KUCKUK, DANN SAMMEL ICH TANNENZAPFEN
ENDE
ENDE? ZEIG MAL!
DANN MUSS ICH 1x MILCH 6 EIER, 1 VOLLKORNBROT KAUFEN.
MILCH, EIER, VOLLKORNBROT?
HA HA HA
FÜR MEINE MUTTER!

RATTELSCHNECK
was bisher geschah
OK TAUCHER! MUTPROBE DIE ZWEITE!
DU UND ICH PINKELN GEGEN DEN ELEKTROZAUN VON BAUER KRACHT.
ZAPPA
OK DIRK!
ABER DU ZUERST!
OK! KEIN DING! MACH ICH!
WAHNSINN! WIE MACHST DU DAS BLOS?
BRITZL!
ICH HAB GESCHUMMELT. "FLINKE FLASCHE" IN DER HOSE VERSTECKT.
DAS VERSUCHE ICH AUCH.
ZAPPA
SELBER SCHULD! DAS IST DOCH KEIN VERSTECK!
ZAPPA

RATTELSCHNECK
was bisher geschah
HEE DIRK, DEINE MUTTER HAT GESAGT ICH SOLL DIR SAGEN DU SOLLST NACH HAUSE KOMMEN.
HAST DU IHR GESAGT, WO ICH BIN?
NICHT DIREKT.
JA ODER NEIN?!
ICH HAB GESAGT AUF DER BAUSTELLE, ABER NICHT AUF WELCHER.
NA GUT!
JETZT SCHIEBST DU HIER WACHE UND ICH FRAGE DEINE MUTTER OB DU NACH HAUSE KOMMEN SOLLST.
?
BIN MAL GESPANNT WANN SIE WAS SAGT.
BIN MAL GESPANNT, WIE LANGE TAUCHER WARTET.
ZAPPA
ZAPPA

RATTELSCHNECK
was bisher geschah
WAS IST LOS, TAUCHER?
ICH HAB DEN GEBURTSTAG VON MEINEM VATER VERGESSEN. JETZT IST ER SAUER.
ZAPPA
UND ICH BIN SAUER AUF MEINE SCHWESTER, WEIL SIE MIR NICHTS GESAGT HAT!
ZAPPA
DIE ERINNERT SICH IMMER UND SAGT MIR NIE BESCHEID. UND WENN ICH MICH MAL ERINNERE, HAT SIE DAS BESSERE GESCHENK!
Z.B.?
SIE HAT IHM Z.B. MAL EIN BUCH GESCHENKT. "DIE PHILOSOPHISCHE HINTERTREPPE".
AH! EIN GESCHENK MIT GEIST!
UND DU?
ZAPPA
ICH HAB IHM EIN SCHERZBEISSHOLZ GESCHENKT. DA STAND DRAUF:
BEI ÄRGER KRÄFTIG ZUBEISSEN! (IMMER NOCH BESSER ALS DEN CHEF ERWÜRGEN)
FAND ICH LUSTIG.
UND WIE FAND ES DEIN ERZEUGER?
ER HAT DAS BEISSHOLZ GLEICH AM GABENTISCH DURCHGEBISSEN!
HEE!
DAS BUCH VON MEINER SCHWESTER HAT ER IMMER NOCH NICHT DURCHGELESEN. SO GESEHEN HATTE ICH DOCH DAS BESSERE GESCHENK!
ZAPPA

RATTELSCHNECK
was bisher geschah
KIOSK
WAS KUCKST DU, DIRK?
FRAUEN-ZEITSCHRIFTEN.
ECHT !?
PLAYBOY, PENTHOUSE UND SO?
HÄHÄHÄ
NÖ! BRIGITTE, JOURNAL F.D. FRAU, FÜR SIE.
ZAPPA
96 TIPS FÜR STRAFFE HAUT, 102 EINMACHREZEPTE, 89 SOMMERLESETIPS, FIT IN 14 TAGEN, DURCH "LAUFEN OHNE SCHNAUFEN".
JOGGER DIR EINEN.
ZAPPA
ÄH, UND WAS SOLL DAS?
AUS DIESEN ZAHLEN ER-RECHNE ICH DAS DATUM DES WELT-UNTERGANGS.
ZAPPA
DU MACHST MIR ANGST, DIRK!
ZAPPA
VIELLEICHT SOLLTEST DU MAL MIT EINEM... ÄH... SPEZIALISTEN REDEN...
ICH WEISS, WAS DU DENKST, TAUCHER.
ABER ES GIBT KEINEN GRUND ZUR BESORG-NIS!
VOR MAI 2087 PASSIERT GARANTIERT NICHTS!!
ZAPPA

RATTELSCHNECK
was bisher geschah
NATASCHA KILAS HAT MICH BRILLENSCHLANGE GENANNT!
HAHAHA!
WAS SICH LIEBT, DAS NECKT SICH!
ICH HAB SIE NICHT GENECKT! ICH HAB NUR GESAGT: WIR SPIELEN COWBOY UND INDIANER UND DU KANNST SQUAW SEIN.
BRILLENSCHLANGE IST BESTIMMT DEIN INDIANERNAME!
ICH BIN COWBOY! WIE DU!
WENN WIR BEIDE COWBOYS SIND, WEM SOLL ICH DANN MEINE MIT DEM WINDPOCKENVIRUS INFIZIERTEN WOLLDECKEN ANDREHEN?
NATASCHA KILAS?
HAHAHA!
WAS SICH LIEBT, DAS NECKT SICH!
DAS WAR NECKEN ??

RATTELSCHNECK
was bisher geschah
DIRK, DAS IST JA NE HAKENKREUZ-BINDE!
NE ECHTE. VON 1944. AUS DEM "GIFTSCHRANK" VON MEINEM VATER.
DAFÜR KANNST DU INS GEFÄNGNIS KOMMEN!!
ICH SAG EINFACH, ICH SEI SEHBEHINDERT UND WOLLTE EIGENTLICH MEINE BLINDENBINDE ANZIEHEN.
ICH BIN EINEM BÖSWILLIGEN SKINHEAD-STREICH AUFGESESSEN!
ICH VERSUCH MIR GERADE EINEN GUTWILLIGEN SKINHEAD-STREICH VORZUSTELLEN...
DU IMMER MIT DEINEM "ICH VERSUCH MIR GERADE..." UND DANN KOMMT GENAU DAS GEGENTEIL VON WAS ICH GERADE SAGE!
BEI FREUD HEISST ES INVERSION.
JETZT VERSUCH ICH MIR AUCH SCHON EINEN GUTWILLIGEN SKINHEAD-STREICH VORZUSTELLEN. UND TAUCHER IST SCHULD.

RATTELSCHNECK
was bisher geschah
HEE DIRK! ICH HAB NE TOLLE IDEE!
ERZÄHL!
WIR NEHMEN EINTRITT FÜRS BAUMHAUS!
DU MUSST NUR NOCH JA SAGEN. ICH HAB SCHON ALLES VORBEREITET
EINTRITT 50 PFG.
JA.
GENIAL! JETZT SIND WIR FIRMENGRÜNDER. WENN WIR DANN IN UNSERER DOPPELVILLA IN MALIBU AM POOL SITZEN...
MIT UNSEREN TOTAL SCHARFEN FRAUEN, Z.B. NATASCHA KIELAS AUS DEM KLABUNDEWEG, DANN ERINNERN WIR UNS DRAN, DASS ALLES MIT EINEM KLEINEN BAUMHAUS IN LANGENHORN ANGEFANGEN HAT.
EINTRITT 50 PFG.
FERTIG. LASS DIE LEITER RUNTER!
EINTRITT 50 PFG.
50 PF. INS EIMERCHEN

RATTELSCHNECK
was bisher geschah
TOLL, WIE SICH WOLKEN STÄNDIG VERÄNDERN.
ZAPPA
DIE DA SAH EBEN NOCH AUS WIE EIN AUFBACKBRÖTCHEN.
DANN WÄCHST GRAS ÜBER DIE SACHE UND SIE SIEHT AUS WIE EIN KLEINER HUND.
SIEHT MIR MEHR NACH KUMULONIMBUS-WOLKEN AUS!
AUFSTEIGENDE WARM-LUFT ÜBER DER NORDDEUTSCHEN TIEFEBENE.
DU HAST WIRKLICH NULL SINN FÜR POESIE, DIRK!
DU TUST MIR LEID!
ICH KANN'S NICHT ÄNDERN.
DAFÜR FREUE ICH MICH SCHON TOTAL AUF DEINE "ODE ANS AUFBACKBRÖTCHEN" UND AUF DEN REIM-ZYKLUS "KLEINER HUND, WO GRAS DRÜBER GE-WACHSEN IST"!!

RATTELSCHNECK
was bisher geschah
ICH KANN MICH TÄUSCHEN, TAUCHER, ABER IRGENDWIE BIST DU DICKER GEWORDEN.
WAS DU JETZT BRAUCHST IST EIN VON MIR PERSÖNLICH ENTWICKELTES TRAININGSPROGRAMM!
ES BASIERT AUF DEM GUTEN ALTEN HOFKNICKS.
ZAPPA
GEFOLGT VOM "HERMES-TRAINING™". HIER SIND TAUSEND LOKALBLÄTTER UND DEIN INDIVIDUELLES TRAININGSPROFIL.
HERZL. GLÜCKW.
HEIMAT ECHO
HEE! DAS IST DOCH DEINE ZEITUNGSTOUR!
UND ÜBERHAUPT BIST DU VIEL DICKER ALS ICH!
EBEN!
WEIL ICH ES NICHT HINKRIEGE, DAS "HERMES-PROGRAMM" DURCHZUZIEHEN!
NULL DISZIPLIN!!
WENN ICH MICH IN DER DUSCHE BÜCKE, ERSCHRECKE ICH IMMER, WEIL MEIN BAUCH WIE EIN KALTER FREMDKÖRPER AN MEINE OBERSCHENKEL STÖSST!
GIB SCHON HER!

RATTELSCHNECK
was bisher geschah
WO FÄHRST DU DIESES JAHR HIN, DIRK?
NACH DÄNEMARK, MIT MEINEN ELTERN ALLERDINGS.
ICH FAHRE NACH BARBADOS!
WOAH!
BARBADOS!!!?
ALLERDINGS AUCH MIT MEINEN ELTERN.
ALSO, ICH FAHRE LIEBER IN LÄNDER DIE NICHT VOM TOURISMUS ABHÄNGIG SIND!
UND DEREN BEWOHNER GERNE DORT WOHNEN.
DU MEINST, DIE BEWOHNER VON BARBADOS WOHNEN NICHT GERNE DORT.
ZAPPA
ALLERDINGS!
WIESO?
AUF BARBADOS MUSS MAN SEIN LEBEN LANG BEI DEN EIGENEN ELTERN WOHNEN.

RATTELSCHNECK
was bisher geschah
HE DIRK! WAS IST DENN DAS DA ?
SCHMATZ
DAS IST MEINE ALU-FOLIEKUGEL. WENN SIE 50 KG WIEGT, KANN MAN SIE IRGENDWO ABGEBEN UND EIN BEDÜRFTIGER KRIEGT EINEN ROLLSTUHL.
DAS IST JA TOTAL GROSSZÜGIG VON DIR!
HÄ?
ICH WILL DEN ROLLSTUHL FÜR MICH SELBST.
ICH HAB'S GENAU BERECHNET: 50 KILO SILBERFOLIE VON 23.000 TAFELN MILKA.
DANN WIEGE ICH CA. 300 KILO UND...
... HABE ANRECHT AUF EINEN ROLLSTUHL!
ABER DEINE LIEBLINGSMARKE IST DOCH RITTER SPORT NOUGAT!?
RITTERSPORT HAT KEIN ALU.
HOLE ICH IM ROLLSTUHL ALLES NACH.
ARMER ROLLSTUHL.

RATTELSCHNECK
was bisher geschah
TAUCHER, WAS IST DENN MIT DEINER BRILLE?
ICH MUSS DOCH JETZT IMMER IN DER ZWEITEN GROSSEN PAUSE ZUM SCHULPSYCHOLOGEN.
UND DER VERBIEGT DIR DANN DIE BRILLE, ODER WIE?
ZAPPA
QUATSCH! DIE BRILLE VERBIEGT MIR MARCUS WEIMER. DER MUSS AUCH ZUM SCHULPSYCHOLOGEN.
ZAPPA
IST ABER VIEL STÄRKER ALS ICH.
IST DAS SO EIN QUICKLEBENDIGER TYP?
ZAPPA
NEIN, DAS IST SEIN FREUND, OLAV. MARCUS IST MEHR SO BODENSTÄNDIG. MIT EINEM SEHR GROSSEN KOPF.
ZAPPA
GROSSER KOPF, BODENSTÄNDIG?
HAHA! ICH KANN MIR SCHON DENKEN, WAS DU DIR JETZT VORSTELLST.
ICH WÜRD MAL SAGEN UMGEKEHRT WIRD EIN SCHUH DRAUS.
ZAPPA
SCHON ALLEIN DAMIT ICH MIR VORSTELLEN KANN, WAS DU DIR JETZT SCHON WIEDER VORSTELLST.

RATTELSCHNECK
was bisher geschah
WÄRST DU LIEBER SIR WALTER RALEIGH ODER JOHN ROLFE, DIRK?
?
SIR WALTER RALEIGH! WIESO FRAGST DU?
UND ICH KANN JOHN ROLFE SEIN?
ZAPPA
JA JA, OK, MIR EGAL. ABER WIESO?
WEIL NATASCHA KIELAS POCAHONTAS IST.
UND AM ENDE HEIRATET SIE JOHN ROLFE!!
YIPPIIE!
JETZT MUSST DU NATASCHA KIELAS NUR NOCH KLAR-MACHEN, DASS SIE POCAHONTAS IST, UND DU NICHT TAUCHER.
Liebe Natascha! Ich schreibe Dir in einer sehr persönlichen Angelegenheit. Als die ersten englischen Siedler 1607 die Küste von Virginia erreichten...
KNÜLL
KNÜLL
ICH TARZAN! NATASCHA KIELAS JANE! WER DU?

WIE GESAGT: BESUCHEN SIE MICH GERN MAL. SIE KÖNNTEN SICH BIELEFELD ANSEHEN. ODER MEINE NEUEN SCHUHE. DIE SIEHT MAN JA SONST LEIDER GAR NICHT. HIER SCHON MAL EINE KLEINE VORSCHAU. NA, MACHT DAS NICHT LUST AUF EINEN BESUCH?

DIE GESCHICHTE DES COMIC

IHR GESICHT IST ZU KLEIN FÜR MIMIK!

MEINS IST ZWAR GRÖSSER...

ABER AUCH BEI MIR...

TUT SICH MIMISCH NOCH NICHT VIEL!

STIMMT.

DA MÜSSEN ERST WELCHE WIE DIE PEANUTS KOMMEN!

UND EIN SCHEISS-MIMIKFEUERWERK ABBRENNEN!

HACK-FRESSEN!!!

DIE ICH MIR NACH MEINER FACON ZURECHT-MODELLIERE.

PATSCH

ZACK ZACK

POPEYE & RATTELSCHNECK

MÖGEN OSTERINSELFIGUREN

"ICH RUFE MIR ERINNERUNGEN NICHT IN'S GEDÄCHTNIS, ICH ZERRE SIE VÖLLIG ÜBERRASCHEND VOM GEHSTEIG IN EINE HÄUSERLÜCKE UND **DANN GEHT'S ABER LOS!**"

ZUM KARNEVAL DER KULTUREN MIT...

FVD? DIE BOYGROUP — WOHIN CHEF? — BERLIN!

WELCHER PLANET? — ERDE!

HE! WAREN DAS NICHT FVD? — ACHTUNG, FESTHALTEN! — FVD? — FREUNDE VON DIR? — VON MIR? NIE IM LEBEN!

DER SCHLIMME PROFESSOR

Panel 1:
— SIND SIE SCHWUL, PROF.? SIE SEHEN AUS WIE EINE FIGUR VON RALF KÖNIG.
— HÄ?

Panel 2:
— ICH LECK SIE SCHNELL VON UNTEN BIS OBEN AB. WENN ICH ZU LANGE AN EINER STELLE BLEIBE, MUSS ICH MEINE EIGENE SPUCKE RIECHEN.
— BÖSER, BÖSER PROFESSOR!

Panel 3:
— VERGISS ES! ICH WILL SIE NUR ÄRGERN. MACH WEITER!
— WARUM VERGESSE ICH AUCH IMMER, MIR DIE ZÄHNE ZU PUTZEN?
— JETZT WIRD DIE SPRECHSTUNDE LANGSAM INTERESSANT!

Panel 4:
— UNTENBLEIBEN!!! SONST MUSS ICH NOCH MEINE EIGENE MATTE RIECHEN!
— OH NO!

Panel 5:
— DU BIST DAS HAAR IN MEINER SUPPE UND ICH MUSS NACH DEM KELLNER RUFEN.

Panel 6:
KELLNER

SIE HABEN GERUFEN?
HALLO PROF. WIR STEHEN AUF ROLLENSPIELE.
IST DAS NICHT TOBIAS AUS MEINEM HAUPTSEMINAR, DER IMMER GANZ HINTEN SITZT?
UND MEIN BOYFRIEND.
DER SICH ABER LEIDER VOR SEINER EIGENEN SPUCKE EKELT.
STIMMT.
UND DA SIE JA DEN RUF HABEN...
ICH HAB DEN RUF?
STEHT AUF JEDEM UNIKLO. SIE GLAUBEN GAR NICHT, WIE DANKBAR DIE JUNGS IHNEN SIND.
SPITZNAME: "DER RASEN-MÄHER", HAHA!
"PROFESSOR TEPPICH-FRESSER!"

ICH BEDAURE SEHR, DASS ICH ERST JETZT ZU STUDIEREN ANGEFANGEN HABE, NACHDEM DIE KINDER AUS DEM HAUS SIND. / SONST HÄTTE ICH SIE SCHON VIEL FRÜHER KENNENGELERNT.	UND ICH BIN TOTAL HAPPY, DEN PROFESSOR SEHR FRÜH SCHON KENNENGELERNT HABEN ZU DÜRFEN, WEIL ICH MAL ALS FAHRRADBOTE UNTERWEGS WAR UND TOTAL DRINGEND AUF'S KLO MUSSTE...
UND SCHNELL BEIM SOZIOLOGENPAVILLION AUF'S KLO BIN UND DIE KLOSPRÜCHE GESEHEN HABE, MIT TELEFONNUMMER UND KURSBESCHREIBUNGEN. / WAS MEINEN SIE, WARUM IHRE KURSE SO VOLL SIND?	ICH DENKE, DAS HAT **AUCH** ETWAS MIT MEINEN BEITRÄGEN ZUR AKTUELLEN MEDIENKRITIK ZUTUN. / SOWIE MIT MEINEM PREISGEKRÖNTEN TV-FEATURE "BARFUSS NACH BASRA".
HAHAHA!	**HOHOHO!** / EIGENTLICH MÜSSTE ICH JA SAUER SEIN, ABER SO WIE IHRE BRÜSTE WACKELN, ERZÄHL ICH IHR GLEICH VON MEINEM NEUEN BUCH: "ZIONISMUS & ZENSUR"

ENDE

ICH WEIẞ NOCH EINEN GANZ TOLLEN KLAMOTTEN-LADEN...
AU JA!!!

OH NO!
AH!
KLOMATTEN
NEUERÖFFNUNG

TOLERANZ

ICH HASSE HANDYS!!!

ICH FINDE, DARAN ERKENNT MAN, OB JEMAND SCHON SEHR ALT IST.

UND STAUBSAUGER!!!

ICH AUCH! HOFFENTLICH IST DAS KEIN HINWEIS AUF'S ALTER.

UND DIE DEUTSCHE BAHN!!!

MEIN VATER SCHEINT ALLES ZU HASSEN. HOFFENTLICH WERDE ICH NICHT GENAUSO. NOCH HASSE ICH DIE BAHN NICHT.

ES IST EHER EINE TIEFSITZENDE ANTIPATHIE, MIT RESIGNATION GEMISCHT.

HEE! VIELLEICHT KANN ICH GAR NICHT RICHTIG HASSEN.

VATI, HAST DU FRÜHER AUCH SOVIELE SACHEN GEHASST, ODER IST DAS MIT DEM ALTER GEKOMMEN?

FRÜHER NOCH VIEL MEHR!!! DAS ALTER MACHT WEICH!

ICH VERSUCHE ZWAR DEN MENSCHEN VOLL HASS ZU BEGEGNEN, ABER WENN JEMAND TOTAL NETT IST, MUSS ICH FAST WEINEN.

WENN DU MICH IRGENDWANN PFLEGST, ZIEH MIR DIE MÜTZE SO TIEF INS GESICHT, DASS MAN MEINE TRÄNEN NICHT SIEHT.

UND AN MEINER NASE BILDET SICH STÄNDIG EIN TROPFEN. DAS IST DAS ALTER SAGT MEIN ARZT.
ALSO KUCK DA NICHT STÄNDIG HIN!!!
BALD DARAUF
SCHÖN HAST DU ES IM SENIORENHEIM. UND WAS IST DAS UNTER DEINER NASE?
ANGEBLICH JAPANISCHER REGENTROPFENFÄNGER FÜR DIE TROPF-NASE.
ALS ALTERNATIVE HÄTTE ES NOCH REGENKETTE GEGEBEN, DIE MUSS ABER MIT NASEN-RING FESTGEMACHT WERDEN.
STIMMT'S HERR SPÖRL!?
STIMMT! DAFÜR LECKT MIR DER ZIEGENBOCK DIE FÜSSE.
HI HI HI
MMH! LECKER! SCHÖN SALZIG.
UND ZIEHT MICH DURCH DIE GEGEND. KOSTEN-GÜNSTIG, WEIL SPART DEN PFLEGER DER SCHIEBT.
TROPF
PFLEGER!!! MEIN AUF-FANGSCHÄLCHEN IST VOLL UND MUSS GELEERT WERDEN!
"MADE IN CHINA" STEHT AUF DEM BAMBUSBODEN!? ÜBERALL WIRD BRUTAL GE-SPART.
KIPP
ENDE

DAMALS BEI DOUGLAS
ICH WAR ZWÖLF. MEINE SCHWESTER HATTE EINE AUSTAUSCHSCHÜLERIN AUS USA ZU BESUCH.
Douglas PARFÜMERIE
LET'S GO IN!
DAS HAT UNSER EINKAUFSZENTRUM NOCH NICHT GESEHEN.
AH! PLÖTZLICH RIECHT ES SEHR GUT ...
PUH! RIECHT PLÖTZLICH SO KOMISCH HIER.
KASSE
SIE TRUG NYLONSTRUMPFHOSEN IN TURNSCHUHEN! DAS KONNTE ICH NICHT NACHVOLLZIEHEN.
AH! PARFÜMPROBEN, DIE WERDE ICH JENNY SCHENKEN. ABER ERST ZUHAUSE, NICHT SCHON HIER IM LADEN.
GRATIS
GRATIS
SPÄTER
HIER JENNY, FÜR YOU!
THANKS!
YOU'RE SOOO CUTE!
KJUT?
BLÄTTER
BLÄTTER
BLÄTTER
BLÄTTER
BLÄTTER
ENGLISCH DEUTSCH
STUNDEN SPÄTER...
ACH CUTE, SIE FINDET MICH SÜSS.

AM SELBEN ABEND HATTE ICH MEINEN ERSTEN ORGASMUS ...
CUTE MARKIERT
AAHH!! IIHH!!! WAS IST DENN DAS !!!?
ENGL DEU
DANN FUHR JENNY ZURÜCK NACH WHITE PLAINS, NY, UND MIR BLIEB NUR NOCH DIE PARFÜMERIE DOUGLAS.
DIE FACHKRAFT ERINNERT MICH EIN BISSCHEN AN JENNY.
GRATIS
WEIL ICH MICH ALLEIN NICHT REINTRAUTE, GING ICH VOR DER AUTOMATISCHEN TÜR AUF UND AB ...
WEH
AH! DIESER DUFT!
KAUF DIESER AUSTAUSCHÜLERIN MAL EIN PAAR GERUCHSFRESSER-EINLAGEN!
ICH SITZE JETZT OFT IN DER BÜCHERHALLE, FAHRE MIT DEM FINGER RILLEN* ENTLANG UND TRÄUME VON JENNY ...
PFERDE
ENDE
* ERKLÄRUNG:
DIE TIEFEN RILLEN DES ABPAUSSTIFTES ENTLANG DER KONTUREN DER PFERDEBILDER IN BÜCHERN DER ÖFFENTLICHEN BIBLIOTHEKEN BEZEUGEN DAS BEMÜHEN UM EIN REALISTISCHES BILD UND DIE ANZIEHUNGSKRAFT DER KÖRPERFORMEN AUF MÄDCHEN.

MACHEN SIE DAS HIER ZUM SPASS ODER WEGEN DES GELDES ODER WEGEN DER ERFAHRUNG?
ZUM SPASS AN DER ERFAHRUNG AM GELD AUSGEBEN.
RATTELSCHNECK

MEIN MANN! SCHNELL, VERSTECK DICH IM MEDIZIN-SCHRÄNKCHEN!!!
SCHLÜSSEL DREH
RATTELSCHNECK

AH! STULLI!

MEIN EINZIGER RICHTIGER FREUND, VERKANNT WIE ICH. ICH WAR DABEI ALS ER ERFUNDEN WURDE (1986). HABE MIT IHM GELITTEN ALS ER ZWÖLF JAHRE LANG UNBEACHTET IN DER LUNCHBOX LAG UND MIT IHM GEFEIERT ALS ER (1998) SEINE EIGENE SERIE IN TITANIC BEKAM. ICH BIN DER EINZIGE, DER WEISS WIE STULLI WIRKLICH SCHMECKT (SYLVESTER 2003 – WIR WAREN TOTAL BETRUNKEN).

DR. KNOW

STULLI
DAS PAUSENBROT
ICH MÖCHTE GEGESSEN WERDEN, ABER KEINER ISST MICH.
IMMER WENN ICH SAGE WOMIT ICH BESCHMIERT UND BELEGT BIN, MÜSSEN DIE LEUTE KOTZEN.
BESCHMIERT UND BELEGT WOMIT?
KOTZ TÜTE
SCHÖN MARGARINE UND DICK FLEISCHSALAT!
WÜRG
SEHR GUT! LASSEN SIE ES RAUS. WIEDERHOLEN SIE WAS SIE EBEN SAGTEN.
NOCHMAL! SCHREIEN SIE ES IN DIE WELT HINAUS!

STULLI
DAS PAUSENBROT
BERUFSUNFÄHIGKEITSVERSICHERUNG
WAS GENAU IST IHR BERUF HERR STULLI?
PAUSENBROT
UNFÄHIGKEIT?
ICH BIN DAZU DA GEGESSEN ZU WERDEN, ABER KEINER TUT'S.
DER GENAUE BELAG, BITTE.
SCHÖN MIT MARGARINE BESCHMIERT UND DICK MIT FLEISCHSALAT BELEGT.
WÜÜÜRG
WENN SIE MICH ESSEN WÜRDEN, BRÄUCHTEN SIE MIR NICHTS ZAHLEN, WENN MICH MAL WIEDER KEINER ESSEN WILL.
GUTE IDEE!?
WEITER WÜRG
NICHT? SCHADE.

STULLI
DAS PAUSENBROT
MMH...
WARUM SIEHT DAS FLEISCH SO LECKER AUS?
WEGEN DER BELEUCHTUNG!
DAS ALTE TEIL BIN ICH LOS. HATTE SCHON WACKELKONTAKT.
METZGEREI
WAR NICHT BILLIG.
HALLO! ICH BIN STULLI, SCHÖN MIT MARGARINE BESCHMIERT UND DICK MIT FLEISCHSALAT BELEGT UND LECKER BELEUCHTET.
MMH LECKER!
HUCH! WIESO GEHT PLÖTZLICH DAS LICHT AUS?
WÜRRG
KOMISCH! JETZT IST DAS LICHT WIEDER AN.

STULLI
DAS PAUSENBROT
WER DEN KÖNIG ZUM LACHEN BRINGT, DEM ERFÜLLT ER EINEN WUNSCH!
HALLO!
HAHA!
KÖSTLICH! EINE NARRENKAPPE, DIE SPRECHEN KANN.
AUS "HÄHNCHENSCHENKELN MIT RÜCKENRESTEN" GEBASTELT.
KÖSTLICH! WIE IST EUER NAME UND WUNSCH?
NAME: STULLI, SCHÖN MIT MARGARINE BESCHMIERT UND DICK MIT FLEISCHSALAT BELEGT.
WÜRG!
HILFE! ES TREIBT MICH ZUM TOR HINAUS...
UND WUNSCH: GEGESSEN WERDEN!!!
WÜRG
(NOCHMAL)

STULLI
DAS PAUSENBROT
IN DER OPER.
ICH WILL SO BLEIBEN WIE ICH...
BIIIIIIIIN
DU DARFST
NIIICHT!
HIHI
WÜRG
STAGE-DIVING IN DER OPER?

STULLI
DAS PAUSENBROT
GRUNDSCHULE
HALLO!
ISST DU KEIN BROT, IST DOCH PAUSE!?
IN DER PAUSE WIRD GERAUCHT,
..IM UNTERRICHT GEGESSEN.
ICH BIN ZWAR PAUSENBROT, KANN ABER BIS ZUM UNTERRICHT WARTEN,
ZIGARETTE?
ÄH-DANKE.
ÜBERALL RAUCH. LÖCHER IN DER LUNGE?
VIELLEICHT IM BELAG! SCHÖN MARGARINE UND DICK FLEISCHSALAT.
WÜRG!
GRUNDSCHULE
EINEM SCHÜLER WURDE SCHLECHT, SCHULE EVAKUIERT, EIN BROT FAND SCHADE, DASS UNTERRICHT AUSFÄLLT.

STULLI
DAS PAUSENBROT
OP SAAL
RATTELSCHNECK
TUPFER!
TUPFER
GESCHAFFT!
HURRA! ICH BIN IM BAUCH.
NOTIEREN SIE SCHWESTER: DER ORGANISMUS STIESS ETWAS IM HOHEN BOGEN AB, BEI GLEICHZEITIGEN BRECHEN IM STRAHL BEIM PATIENTEN
WÜRG

STULLI
DAS PAUSENBROT
VIELE SENIOREN SIND SCHLECHT VERSORGT.
ESSEN AUF RÄDERN
OFT BRAUCHT ES MEHR ALS LECKERE GERICHTE. SPASS AM ESSEN WECKEN.
HALLO!
DIE SUPPE SIEHT ABER LECKER AUS. DA MÖCHTE MAN SICH REINSETZEN.
ÄH - WIE WÄRE ES MAL MIT "STIPPEN MIT BELEGTEM BROT"!?
Z.B.
MIT SCHÖN MARGARINE UND DICK FLEISCHSALAT
WÜRG
WÜRG

STULLI
DAS PAUSENBROT
WENN DER HINTER MIR SCHREIT MUSS ICH VERSUCHEN IN SEINEN MUND ZU SPRINGEN.
HALLO!
GLEICH GEHT'S BERGAB DA MÜSSEN WIR ALLE SCHREIEN...
NA GUT, JETZT NOCH NICHT ABER BEIM LOOPING GLEICH ODER?
DOCH NICHT?
SCHON VORBEI?
KUCK MAL MUTTI! DA IST STULLI DAS PAUSENBROT SCHÖN MIT MARGARINE GESCHMIERT UND DICK MIT FLEISCHSALAT BELEGT!!!
WÜRG

STULLi
DAS PAUSENBROT
SONNENGEBRÄUNT BEI KANNIBALEN
IMMER NUR MENSCHENFLEISCH.
EIN PAUSEN-BROT WÄRE MAL SCHÖN.
SCHÖN MIT MARGARINE BESCHMIERT UND DICK MIT FLEISCHSALAT BELEGT.
WÜRG
ICH STELLE MIR EINEN EHER DUNKLEN BROTTYP VOR, DESSEN PENIS MIT DER ZEIT IMMER DUNKLER WIRD.
PENIS?
ICH STECKE MIR EINE BANANE ZWISCHEN DIE BEINE.
ALSO WIE BEI BANANEN. NUR SIND DIE MIR SCHON ZU WEICH WENN SIE BRAUN WERDEN.
MIST.

STULLi
DAS PAUSENBROT
WÜRGESCHLANGE UND HALBVERDAUTER ELEFANT.
MACHEN SIE EINE VERDAUUNGSPAUSE? WOLLEN SIE EIN PAUSENBROT ESSEN!?
WÜRG
ICH HAB' DOCH NOCH GARNICHT GESAGT, WOMIT ICH BELEGT BIN!?
DIE SCHLANGE RUTSCHT AM HALBEN ELEFANT AB.
JETZT STEHT ER FREI RUM...
KIPP
TRÖÖT
TRÖÖT?
IM RÜSSEL WAR WOHL NOCH RESTLUFT.

STULLi
DAS PAUSENBROT
HALLO ENTE! ISS MICH.
WASSERPOLIZEI! BROT IM WASSER VERBOTEN. BROT BILDET FAULGASE, UND FISCHE STERBEN.
POLIZEI
ACH SO.
SIE SIND SOGAR BELEGT. DAS IST NOCH SCHLIMMER!
DAMIT DER BELAG NICHT INS WASSER TROPFT...
HALTE ICH MEINE MÜTZE DRUNTER.
DANKE, DASS SIE MEINEN BELAG RETTEN. SCHÖN MARGARINE UND DICK FLEISCHSALAT.
ICH SAH, WIE SICH DER POLIZIST BACKBORD ER-BRACH, DAS SCHIFF DORT EIN ÜBER-GEWICHT BEKAM, SICH NEIGTE UND KENTERTE.

STULLI
DAS PAUSENBROT
HIPPOLOGICA
MESSE FÜR ALLES RUND UMS PFERD
DA GEHE ICH HIN!
HALLE 6
HAFER-SÄCKE
ICH HABE EINE IDEE!
ICH SPRINGE DEM PFERD UM DEN HALS UND ES ISST MICH STATT HAFER...
HÜPFENDER HAFERSACK? SEHR VERDÄCHTIG...
* AUSWEICHBEWEGUNG
HUCH!? WER SIND SIE DENN? ICH HATTE MIT EINEM PFERDEKOPF GERECHNET...
ERSTMAL STELLE ICH MICH VOR: ICH BIN STULLI SCHÖN MIT MARGARINE BESCHMIERT UND DICK MIT FLEISCH-SALAT BELEGT.
WÜRG!!

ST. ULLI
HALLO!
HALT! ESST MICH STATT SEINER.
MEIN LEIB IST AUS BROT, SCHÖN MIT MARGARINE BESCHMIERT UND FLEISCHSALAT DICK BELEGT.
WÜÜRG
ICH FLIEGE SEIT JAHREN RETTUNGSEINSÄTZE IN KATASTROPHENGEBIETE, ABER SOWAS...
WÜÜRG

STULLI
DAS PAUSENBROT
EAT THE RICH!
KOSTÜM-VERLEIH
HALLO! ICH BIN BANKIER AKTIEN-FLOTT! SCHÖN MIT MARGARINE BESCHMIERT UND DICK MIT FLEISCH-SALAT BELEGT UND REICH!
WÜRG
VIELLEICHT SOLLTE ICH MAL ZU EINEM KOTZTÜM-VERLEIH GEHEN!?

STULLI
DAS PAUSENBROT
IN DER FUSS-GÄNGERZONE
OH, TOLL! EIN FEUER-SCHLUCKER
SCHWERTER SCHLUCKT ER AUCH!!!
KLATSCH
KLATSCH
ICH HALTE MICH AN EINEM SCHWERT FEST, WIELLEICHT SCHLUCKT ER MICH MIT.
HALLO! ICH BIN STULLI SCHÖN MIT MARGARINE BE-SCHMIERT UND DICK MIT FLEISCH-SALAT BELEGT.
WÜRG
ICH HABE EIN FEUER-ZEUG DABEI. KÖNNTE IHNEN VOM SCHWERT AUS FEUER GEBEN. ALS APETITANREGER.
ICH GEHE.

STULLI
DAS PAUSENBROT
AH! CHINESISCHE TOURISTEN!
WOLLEN SIE MAL WAS TYPISCH DEUTSCHES ESSEN?
SEHL GELN!
DANN ESSEN SIE MICH, SCHÖN MIT MARGARINE BE-SCHMIERT UND DICK MIT FLEISCH-SALAT BELEGT.
MALGALINE?
MIT R STATT L.
WÜLG

STULLI
DAS PAUSENBROT
HALLO! ICH LEBE JETZT GESUND!
CREME
EINCREMEN
BADEN
VOLLKORN
STULLI SCHÖN MIT MARGARIN BE-SCHMIERT UND DICK MIT FLEISCHSALAT BELEGT UND VOLL KÖRNER!
HILFE! WAS IST DAS?
?
DIE MARGARINE UND DER FLEISCHSALAT HABEN ALLERGISCH AUF DAS VOLLKORN REAGIERT.
WÜRG
UND ICH FINDE VOLLKORN VOLLKORN BESCHEUERT!

STULLI
DAS PAUSENBROT
AAH! IMMER GREIFT MICH DIESER MÄUSEBUSSARD BEIM JOGGEN AN.
ICH WERDE MIT EINER MAUS UNTERM SCHWEISSBAND JOGGEN.
DAS LOCKT DEN MÄUSEBUSSARD AN. ER GREIFT SICH DIE MAUS UND MICH GLEICH MIT.
DANN FRISST ER DIE MAUS, DAS SCHWEISSBAND UND MICH STULLI, SCHÖN MIT MARGARINE BESCHMIERT UND DICK MIT FLEISCHSALAT BELEGT.
WÜRG
WO BLEIBT DIESER VOGEL? DAS SCHWEISSBAND WIRD IMMER SCHWERER!!!

STULLI
DAS PAUSENBROT
IM ALTERSHEIM
JAAA DAMALS!
DA WAREN SCHULRANZEN NOCH WAFFEN! AUF DEN BAUCH GESCHNALLT, SPRANG MAN SICH GEGENSEITIG AN.
JEDES BUCH, JEDES PAUSENBROT NÜTZLICHER BALLAST, DER DEN AUFPRALL DES GEGNERS MILDERT.
ICH MITTENDRIN, WURDE ZUSAMMENGEDRÜCKT. MEIN BELAG FLOG LINKS UND RECHTS AUS DEM RANZEN...
DRUCK
WAREN SIE NICHT IN BUTTERBROTPAPIER EINGEWICKELT?
DOCH! ABER ICH WAR DAMALS WIE HEUTE SCHÖN MIT MARGARINE BESCHMIERT UND DICK MIT FLEISCHSALAT BELEGT.
WÜRG
DAS HÄLT KEIN NORMALES BUTTERBROTPAPIER AUS.

STULLI
DAS PAUSENBROT
ROT
GELB
BLAU
NEU!
TOLL, WIE DIE FARBEN AUS DEM KLAPPHANDY RAUSKOMMEN.
KANN ICH AUCH, ALS KLAPPBROT.
ROT
KLAPP
GELB
BLAU
HALLO! ICH BIN STULLI, SCHÖN MIT MARGARINE BESCHMIERT UND DICK MIT FLEISCHSALAT, (MIT LEBENSMITTELFARBEN SCHÖN BUNT GEMACHT) BELEGT.
ROT
GELB
BLAU
PFURZ
WÜRG
INTERESSANT, WENN BLAU, ROT UND GELB SICH MISCHEN, WIRD BRAUN DARAUS.
BRAUN
BRAUN

STULLI
DAS PAUSENBROT
FINDET EINE POSTKARTE
1945 DELP
WAS STEHT AUF DER RÜCKSEITE? FENSTERZYKLUS „BLUTZEUGEN UND ANKLÄGER AUS CHRISTLICHER VERANTWORTUNG IM DRITTEN REICH“
EIN EIGENER FENSTERZYKLUS DAS WÄR'S.
SCHÖN MARGARINE
DICK FLEISCHSALAT
SIND SEIN BELAG
STULLI HALLO
KASSE
WÜRG!!!

STULLI
DAS PAUSENBROT
IM SANDKASTEN
AH! EIN SANDFÖRMCHEN!
HUPF
WIR SPIELEN JETZT MUTTER UND KIND! UND DAS KIND MUSS JETZT KUCHEN ESSEN!
JA GENAU!
MIT STULLI DRIN SCHÖN MIT MARGARINE BESCHMIERT UND DICK MIT FLEISCHSALAT BELEGT.
UND WAS IST MIT VATI?
VATI IST TOT!
HI!
DANN BIN ICH VATI!
SHIT!

STULLI
DAS PAUSENBROT
HALLO!
MILCHKARTON INNENANSICHT
MEIN PLAN: ICH LÖSE MICH IN MILCH AUF UND WERDE GETRUNKEN.
MILCH
CHEF!
EINE MILCH SIEHT KOMISCH AUS!
EINE BOMBE, WAHRSCHEINLICH. SCHNELL RAUS!
EDEKA AKTIV MARKT
BUMM
ICH BIN STULLI, SCHÖN MIT MARGARINE BESCHMIERT UND DICK MIT FLEISCHSALAT BELEGT.
DIE MILCH MUSS WOHL SAUER GEWORDEN SEIN.
WÜRG

STULLi
DAS PAUSENBROT
BEI RITTERSPIELEN
PUH! IST DAS ANSTRENGEND. ERSTMAL FRISCHE LUFT.
ICH SPRINGE DA REIN ...
UND SCHLIESSE DAS VISIER.
HALLO! ICH BIN STULLI SCHÖN MIT MARGARINE BESCHMIERT UND DICK MIT FLEISCHSALAT BELEGT.
WÜRG!
LIEBE ELTERN! DER RITTER HAT SICH IN SEINER RUSTUNG ÜBERGEBEN.
LIEBE KINDER. DAS MICHELIN MÄNNCHEN.

STULLi
DAS PAUSENBROT
HIERMIT LOCKE ICH EINEN HASEN AN!
JA, BEISS' FEST REIN!!!
JETZT KANNST DU NICHT-MEHR WEGHÜPFEN.
FRISS DIE MÖHRE, DANN MICH UND AM BODEN ANGEKOMMEN DARFST DU WEITERHOPPELN.
ISS MICH HÄSCHEN!!! ICH BIN SCHÖN MIT MARGARINE BESCHMIERT UND DICK MIT FLEISCHSALAT BELEGT!!!
WÜRG
DEN ARM KANN ICH WOHL ERSTMAL WIEDER RUNTERNEHMEN.

STULLi
DAS PAUSENBROT
ICH BIN PRAKTISCH BEI WANDERUNGEN.
MAN MUSS MICH NICHT IM RUCKSACK MITSCHLEPPEN...
UND ICH HELFE BEIM RUCKSACK TRAGEN.
AUF DEM GIPFEL HAT MAN RICHTIG HUNGER AUF MICH, SCHÖN MIT MARGARINE BESCHMIERT UND DICK MIT FLEISCHSALAT BELEGT.
WÜRG
FLEISCHSALAT BELEGT
OH, ECHO!
OH NO, ECHO!
WÜRG
WÜRG
WÜRG
WÜRG

STULLi
DAS PAUSENBROT
AH! SCHAULUSTIGE!
DIE LEUTE SOLLEN STAUNEND VOR MEINEM RIESENGROSSEN EBENBILD STEHENBLEIBEN. MIT WEIT GEÖFFNETEN MÜNDERN, DAMIT ICH REINSPRINGEN KANN.
STEHENBLEIB
HIER KOMMT STULLI, SCHÖN MIT MARGARINE BESCHMIERT UND DICK MIT FLEISCHSALAT BELEGT
STAUN
OFFENE MÜNDER
KUCKT MAL! DER ECHTE STULLI!!!
HÜPF
WÜRG
WÜRG
WÜRG

STULLi
DAS PAUSENBROT
HALLO!
ICH HÄTTE GERNE KREDIT.
KREDIT
HABEN SIE REGELMÄSSIGE EINKÜNFTE?
ICH VERÖFFENTLICHE REGELMÄSSIG IN TITANIC.
KENN' ICH NICHT. UND WAS?
Z.B. "STULLI" DAS PAUSENBROT
THEMA?
STULLI WILL SEIT JAHREN GEGESSEN WERDEN, ABER KEINER TUT'S.
WARUM?
WEIL DIE LEUTE KOTZEN, WENN SIE ERFAHREN, DASS STULLI SCHÖN MIT MARGARINE BESCHMIERT UND DICK MIT FLEISCHSALAT BELEGT IST.
WÜRG
HABEN SIE NOCH ANDERE FIGUREN?
NEIN.
DANN KRIEGEN SIE DEN KREDIT.

STULLi
DAS PAUSENBROT
...UND MEINE FREUNDE!
RATTELSCHNECK
STOLLi UND LORi
VOM MARGARINE UND FLEISCHSALAT ABBAU
WÜRG
HAHA! LORI WÜRGT
STALLi
MIT MARGARINE STÄLLEN UND FLEISCHSALAT TRÖGEN
KOTZ
HAHA! PFERD KOTZT.
STiLLi
MIT MARGARINE UND FLEISCHSALAT PRALL GEFÜLLT
HAHA! BABY BRICHT.

STULLI
DAS PAUSENBROT
MON CHERI, ZU DIR ODER ZU MIR?
RATTELSCHNECK
BAR
ICH HAB NOCH EIN DUPLO ZUHAUSE.
WO IST ES DENN? ACH, HIER UNTEN!
STULLI
DIE VIELLEICHT WÄRMSTE PRALINE DER WELT!
SCHÖN MIT MARGARINE BESCHMIERT UND DICK MIT FLEISCHSALAT GEFÜLLT.
WÜRG
HE! ALLES VOLL MAROCHINO (O.S.Ä.)-KIRSCHEFLECKEN. DIE MUSST DU RAUSMACHEN.

STULLI
DAS PAUSENBROT
IN
KNIPS
KNIPS
WÜRG
WÜRG
ICH BIN BERÜHMT.
WER ZUERST AN DER LATERNE IST, HAT GEWONNEN.
WIE LANGWEILIG.
WER ZULETZT AN DER LATERNE IST, STINKT NACH FAULEN EIERN.
GÄHN!
IST SCHÖN MIT MARGARINE BESCHMIERT UND DICK MIT FLEISCHSALAT BELEGT.
HALLO!
SAUS
WÜRG
ERSTER

RATTELSCHNECK
NEULICH IN MADRID, IM PRADO:
GOYA
GOYA WAR ZU LEBZEITEN SEHR VIEL WENIGER BEKANNT ALS HEUTE. RATTELSCHNECK IST ZU LEBZEITEN BEKANNTER ALS GOYA DAMALS.
PRADO
RATTELSCHNECK KANN NUR NOCH BEI LEBENDIGEM LEIB VERGESSEN, BZW. GRÜNDLICH VERDRÄNGT WERDEN.
VERDRÄNGT?
WEGEN STULLI DAS PAUSENBROT SCHÖN MIT MARGARINE BESCHMIERT UND DICK MIT FLEISCHSALAT BELEGT.
STULLI, HATTE ICH SCHON VERGESSEN...
STULLI HATTE ICH SCHON VERDRÄNGT...
WÜRG
WÜRG

ICH HABE "B⊙⊙T AUF DEM NIL" GELESEN. ES IST GUT.
    Dr. Know

ACHTUNG!
DIE GESCHICHTE HAT ZWEI ENDEN. ENDE EINS FIEL DER ZENSUR ZUM OPFER UND ERSCHEINT HIER ERSTMALS IM DRUCK. ENDE ZWEI ERSCHIEN IN DER FRANKFURTER ALLGEMEINE SONNTAGSZEITUNG. BITTE JETZT LESERICHTUNG QUERSTELLEN.

DANKE.

BOOT AUF DEM NIL MIT

DIRK · TAUCHER · ABDULLAH · KOSTÜM-PARTY · NELLY · PAAR I · PAAR II

RATTELSCHNECK

was bisher geschah

DIRK & TAUCHER MACHEN
1 Woche Nilkreuzfahrt

1. TAG:

AH! DIE MS NILE SUPREME.

WIE HAST DU DICH AUF ÄGYPTEN EINGESTIMMT, TAUCHER?

MIT GEO.

SOWAS KANN EINEM DIE GANZE ÄGYPTENURLAUBS-VORFREUDE VERDERBEN.

WAR ZUM GLÜCK NUR DAS GEO SEYCHELLEN.

EIN FOTO WAR GANZ TOLL! GANZ FLACHES WASSER UND GANZ KLAR, MAN KONNTE EINEN ROCHEN SEHEN UND SEINEN SCHATTEN AUF DEM MEERESGRUND.

DANN KAM DER KIOSKBESITZER UND ICH HAB DAS HEFT SCHNELL INS REGAL ZURÜCKGETAN.

GEO HAT GANZ TOLLE FOTOS!

MIR IST GEO ZU TEUER!

MIR AUCH! ICH HAB'S IM LADEN ANGE-KUCKT.

AM SELBEN ABEND
HALT DICH FEST, TAUCHER! WECKRUF UM 7^{00} UHR!!
WIE GEHT WECK-RUF?
TAGES-PROGRAMM ABLAUF!
SCHLAF GUT, TAUCHER!
BIS ZUM WECKRUF! HAHAHA!!
OK ...
HOFFENTLICH VERSCHLAFEN WIR NICHT!
SCHNARCH!!!
DIRK HAT'S GUT, DEM SCHEINT DER WECKRUF EGAL ZU SEIN.
7^{00}
KLOPF KLOPF
JA!? BITTE
BITTE??!
WIE DIE DAS BLOSS HINKRIEGEN?
WAS?
ZAPPA
DASS DER WECKRUF SO KLINGT, ALS WENN JEMAND DIREKT NEBEN EINEM JA!? BITTE??! SCHREIT.
ZAPPA

3. TAG:
NA! WIE IST DENN DEINE TISCHGESELLSCHAFT SO?
ÄH, SEHR INTERESSANT.
ICH SITZE MIT 3 PENSIONIERTEN PHILOSOPHEN AUS BAUNATAL.
NA TOLL! DIE AN MEINEM TISCH HABEN NICHTMAL ABITUR.
TJA! PECH.
BRAUCHT MAN ALLERDINGS AUCH NICHT ALS KALIFORNISCHES DAMEN-WASSERBALLETT TEAM!
MAL WIEDER TYPISCH!
ZAPPA
WAR NUR'N WITZ! ICH SITZ MIT EINER 2-KIND-FAMILIE AUS DNBL.
DEN NEUEN BUNDESLÄNDERN?
DAS GESCHIEHT DIR RECHT!
ZAPPA
KEIN WITZ ALLERDINGS: DIE TOCHTER IST 14 JAHRE UND VOLL ENTWICKELT...
KÖRPERLICH ODER GEISTIG ODER WIE?
SETZ DICH DOCH MAL ZU UNS, NELLY UND MIR UND FAMILIE.
WIE HAT DIR DER LANDGANG GEFALLEN, NELLY?

"BACKFISCH, BACKFISCH!"

HMPF... KICHER

WAS GIBTS DENN DA ZU GRINSEN. DAS HAT NELLY DOCH GUT BEOBACHTET!

JA, JA SCHON GUT

OCH, EIGENTLICH GANZ NETT, NUR, DASS DIE IMMER ALLE "BAKSCHISCH, BAKSCHISCH" RUFEN, NERVT!

HIHI

LEIDER

INFOKASTEN

NILKREUZFAHRT VON **LUXOR** NACH **ASSUAN**

PYRAMIDEN, NIL-PFERDE UND **KROKODILE** GIBT ES AUF DIESER FAHRT **KEINE!** WIR HABEN SIE NUR EINGEFÜGT, WEIL DIES IN EINER GESCHICHTE ÜBER ÄGYPTEN ERWARTET WIRD.

4. TAG:
HALLO TAUCHER! ICH WÜRDE GERNE EINEN TEST MIT DIR MACHEN.
ÄH
GERNE.
DEIN LIEBLINGSTIER?
WENN ICH „DELFIN" SAGE, FINDET SIE MICH BESTIMMT TOTAL SÜSS.
DELPHIN.
DEINE LIEBLINGS-FARBE?
ROT.
„...IST DIE LIEBE.
LIEBLINGSZAHL?
EIGENTLICH 3, ABER 53 KLINGT INTERESSANTER.
53.
LIEBLINGSESSEN UND LIEBLINGSGETRÄNK?
JETZT EINFACH GANZ EHRLICH
PIZZA SALAMI, APFELSAFTSCHORLE
DAS ERGEBNIS LAUTET:
DAS WAR'S SCHON?
DU BIST EIN ROTER DELPHIN MIT 53 BEINEN DER GERNE PIZZA SALAMI ISST UND APFELSAFT-SCHORLE TRINKT.
EIGENTLICH MIT 3 BEINEN.

5. TAG:
LIEBE GÄSTE! HEUTE MACHEN WIR UNSERE BERÜHMTBERÜCHTIGTE KOSTÜMPARTY! MOTTO: "ZWEITAUSEND- UND EINE NACHT" DIE KOSTÜME KÖNNEN SIE BEIM BORDFRISEUR KAUFEN, DER IHNEN AUCH EINEN SCHNURRBART SCHMINKT.
DAS IST DOCH VOLL DER NEPP! ICH BRAUCH KEIN KOSTÜM.
DER ABDULLAH GIBT SICH SOLCHE MÜHE MIT DEM PROGRAMM!
KOSTÜMPARTY
2 BÄRTE 1 FEZ UND 1 TURBAN PLUS 2 GEWÄNDER ?
FÜR DICH MIT, DIRK.
ZAPPA
WITZIGES KOSTÜM – BEIDE!
ALS WAS GEHEN SIE DIRK?
ALS WIRTSCHAFTS-FAKTOR NR. 1!
ZAPPA
ALSO ALS TOURIST. HAHAHA! SEHR ORIGINELL!!!
ZAPPA
UND IHR KOLLEGE ALS GADEROBENSTÄNDER?
FÜR DIE GADEROBE WIRD KEINE HAFTUNG ÜBERNOMMEN!
HAHAHAHA

"OH NO!"

"GEFÄLLT'S DIR ETWA NICHT?"

"MACH ES WIE DIE SONNENUHR, ZÄHL DIE SCHÖNEN LEBEN NUR!"

"ÄH..."

"ASSUAN IST SEHR SCHÖN! ICH GLAUBE FAST, HIER WAR ICH SCHON MAL, IN EINEM FRÜHEREN LEBEN."

"ALSO, ICH WAR HIER NOCH NIE!"

"WARUM ERINNERT SICH NIEMAND AN SEIN FRÜHERES LEBEN ALS GRUBENARBEITER, ODER ALS DICKES KIND MIT LESE-RECHTSCHREIB-SCHWÄCHE?"

"NA?"

6. TAG: ASSUAN

"IMMER WENN ES IRGENDWO SCHÖN IST, FÄLLT DIR EIN, DASS DU DA SCHON MAL IN EINEM FRÜHEREN LEBEN WARST, ABER NIE, WENN ES IRGENDWO SCHEISSE IST!!!"

7. TAG: STROMAUFWÄRTS NACH LUXOR

WECKRUF UM 7:00 UND FRÜHSTÜCK BIS 8:00. DA BLEIBT JA KAUM ZEIT SICH ANZUZIEHEN.

AM ANFANG WOLLTE MEIN MANN SICH SOGAR NOCH RASIEREN.

VERGISS ES! HAB ICH GESAGT! UND DAS RASIERZEUG AUS DEM FENSTER GESCHMISSEN.

SIEHST DU, HEINZ!

ICH FINDE DEN OSAMA-LOOK BEI MEINEM MANN GANZ GUT, VERWEGEN IRGENDWIE...

(KICHER)

KEIN WUNDER, DASS DU DICH IN DER EILE IMMER SCHNEIDEST!

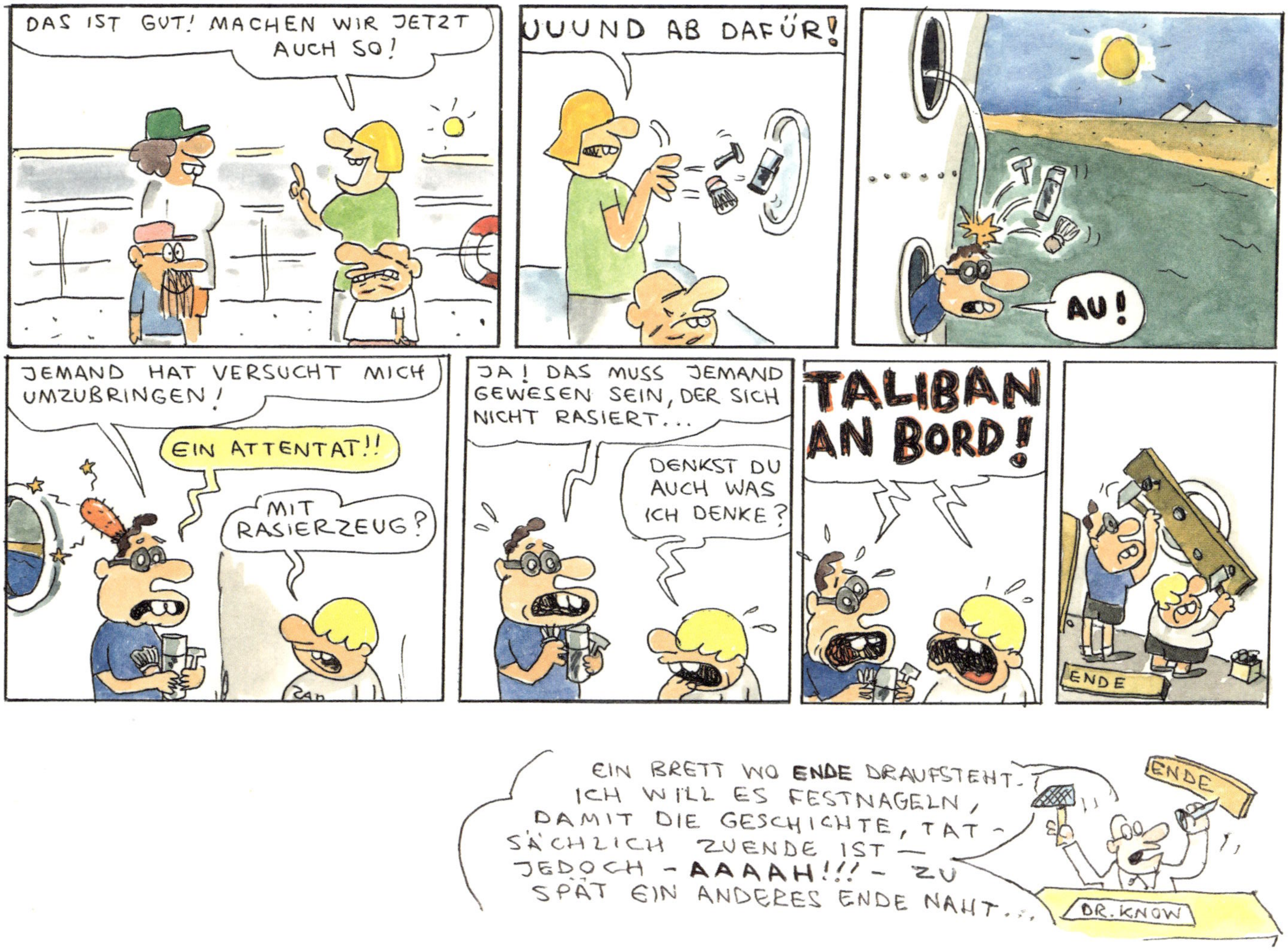
DAS IST GUT! MACHEN WIR JETZT AUCH SO!
UUUND AB DAFÜR!
AU!
JEMAND HAT VERSUCHT MICH UMZUBRINGEN!
EIN ATTENTAT!!
MIT RASIERZEUG?
JA! DAS MUSS JEMAND GEWESEN SEIN, DER SICH NICHT RASIERT...
DENKST DU AUCH WAS ICH DENKE?
TALIBAN AN BORD!
ENDE
EIN BRETT WO ENDE DRAUFSTEHT. ICH WILL ES FESTNAGELN, DAMIT DIE GESCHICHTE TATSÄCHLICH ZUENDE IST — JEDOCH - AAAAH!!! - ZU SPÄT EIN ANDERES ENDE NAHT...
ENDE
DR. KNOW

HE! TAUCHER! WAS MACHST DU BEIM SOUVENRSHOP?
7. TAG: STROMAUFWÄRTS NACH LUXOR
ICH SUCHE WAS, DAS ICH NELLY SCHENKEN KANN.
ALLERDINGS SOLL SIE SICH MEHR AN MICH ERINNERT FÜHLEN, ALS AN ÄGYPTEN.
EIN HOLZKAMEL EINE PYRAMIDE, EIN KORKENZIEHER IN SEE — PFERDCHENFORM.
ZAP
HMM...
ZAPP
GIB MAL HER!
ZAPP
DA! CHARMANT, KREATIV UND SIEHT AUS WIE DU!
WENN DU MEINST.
ZAPPA
ICH KANN'S JA EH NICHT ERKENNEN.
ICH GEB'S NELLY.
ZAPPA

DIRK?
NELLY?
WIESO HAT TAUCHER KEINE BRILLE AUF? UND WAS TRÄGT ER DA MIT SICH RUM?
ÄH...
ZAPPA
TAUCHER BRAUCHT KEINE BRILLE MEHR. IN ÄGYPTEN KANN MAN SICH GANZ BILLIG DIE AUGEN OPERIEREN LASSEN.
ZAPPA
"LASER STATT BRILLE!"
TOLL WAS?
ICH WÜRDE LIEBER BRILLE TRAGEN, ALS SO EINEN BLÖDEN LASER.
ENDE
BLAMMM
ZISCH
WUSCH
FEUER FREI! SPEZIELL VON MIR FÜR KINDER ENT-WICKELTE AUGENLASERKANONE, UM IHNEN DIE ANGST VOR AUGENLASEROPERATIONEN ZU NEHMEN.
DR. KNOW

PARTYKELLER
PAAADY!
PARTYKELLER
ARTYKELLER
HÖR MAL SCHATZ!
DER WOOMPA-WOOMPA-SONG!
PARTYKELLER
WOOMPA
WOOMPA
WOOMPA
PARTYKELLER
Letsrock
BZZZ
PARTYKELLER
HMMPF
HMMPF

ÜBERRASCH-UNGSGAST
PARTYKELLER
UNGEBE-TENER
PARTYKELLER
AAARSCHBOMBE
PARTYKELLER
PARTYKELLER
KUCK MA, WER DA KOMMT. HAST DU MIT DEM NICHT MAL WAS GEHABT?
PARTYKELLER
PARTYKELLER
BITTE RUHE IM TREPPENHAUS!
AB 22^{00} BITTE SCHUHE AUS!
WIR RECYCELN
FREUNDE. WO BLEIBT IHR ALLE?

GERADE WOLLTE ICH SIE WAS FRAGEN, DA SEHE ICH SIE HABEN IHREN FINGER IM REISEFÜHRER, SIND ALSO AUCH NICHT VON HIER.
REISEFÜHRER

Leblenchen JONNY
BAR
SIE WAREN SCHON ÖFTER HIER.
SCHEIßE! ICH KOMME EXTRA UNREGELMÄßIG UM NICHT WIEDERERKANNT ZU WERDEN.
ZU SPÄT
BAR

KUSSHÄNDCHEN KOSTET 10 EURO - ODER ERSTICK DARAN.

Lebkuchen JONNY
JETZT SEX!
EINE DOSE AN EINER SCHNUR!? VIELLEICHT TELEFONSEX!?
ICH BIN DER JONNY, SITZE AUF MEINEM PFERD UND HABE GERADE PAUSE.
UND WO BIST DU GEIL - ÄH - GERADE?
DIE SCHLAMPE ANTWORTET NICHT. NA WARTE! ICH MUSS JA NUR DER SCHNUR FOLGEN.

"ACH DAS! DAS SIND BE-
WERBUNGFOTOS VON LEUTEN,
DIE HIER ARBEITEN WOLLEN."

Lebkuchen JONNY IM PFERDE

KASSE

EINMAL UND EIN DUPLO.

WAS WAR DAS ERSTE NOCHMAL?

KASSE

duplo

IHR ERSTER FLUGZEUGABSTURZ!?

Lebkuchen JONNY

Patient erschießt sich in Klinik

London – Ein Brite (63) kam in ein Krankenhaus in Northampton (England). Nach einigen Wochen zog er den Vorhang vor seinem Bett zusammen, nahm eine Pistole und schoss sich in den Kopf.

IN DEM ZIMMER VERSAMMELTEN SICH FACHLEUTE FÜR KATASTROPHEN, DIE BEREITS PASSIERT SIND.

WIE KONNTE DIE WAFFE UNBEMERKT... NORMALERWEISE ZIEHT DAS PERSONAL DEN VORHANG... WIEVIELE WOCHEN SOLLTE DER PATIENT DENN NOCH...

ABTEILUNG "SELBSTMORDBEKÄMPFUNG" KAM SEHR SPÄT DAZU.

LONDON

IHR WERTER GATTE MACHT HEUTE WIEDER ANONYME ANRUFE ÜBER'S BABYFON.

HECHEL! HECHEL! AAAHH!

| Lebkuchen JONNY fragt ROSWITHA'S AMBULANTE ALTENPFLEGE | UND? LÄUFT GANZ GUT. | NUR BEI KUNDEN, DEREN KINDER, VERWANDTE, BEKANNTE UND FREUNDE ALLE TOT SIND, HABE ICH EIN PROBLEM BEIM FÜTTERN. | EINEN LÖFFEL FÜR...? | NIMM DOCH GLEICH SCHÖPFKELLE STATT LÖFFEL UND SAG: "...FÜR ROSWITHA!" GUTE IDEE. TSCHÜSS! |

"SIEHT AUS WIE DIDDLMAUS, NUR KLEINER."

IM BETT MIT Lieblingen JONNY?		DA HAB' ICH GELEGEN. ER AUF MIR. DAS IST MEIN KÖRPERABDRUCK.	WO DIE LINKE HAND EINGEDRÜCKT IST, SIEHT AUS ALS FEHLT DIR DER HALBE RINGFINGER.
AUF EINER LATEX-MATRATZE VON IKEA.			DEN KNICK' ICH IMMER SO EIN, DAß DER EHERING BEIM KÖRPERABDRUCK NICHT ZU SEHEN IST.

Lebkuchen JONNY
TAL-DES-TODES-TENNIS-CLUB E.V.
DAS KLEINOD IM TAL DES TODES.
MODERN-ATTRAKTIV-GANZJÄHRIGE ONLINE-BUCHUNG, FÜR HEUTE NOCH KEINE BUCHUNG.
ALS HIER MAL EINE AMEISEN-STRAẞE VORBEIFÜHRTE, HATTE ICH EIN STÄRKERES GEFÜHL VON VERKEHRSANBINDUNG, ALS BEI DEM EBEN.
RATTELSCHNECK

"MUSKELN IHR KÖNNT RAUSKOMMEN."

| Lebkuchen JONNY — KLASSENTREFFEN | "CARLOS!?" | "JA, LEBKUCHEN JONNY, MANCHMAL TRAGE ICH SACHEN VON FRÜHER, NUR UM ZU KUCKEN, OB SIE MIR NOCH IMMER GEFALLEN." | "ICH, OB SIE MIR NOCH PASSEN." |

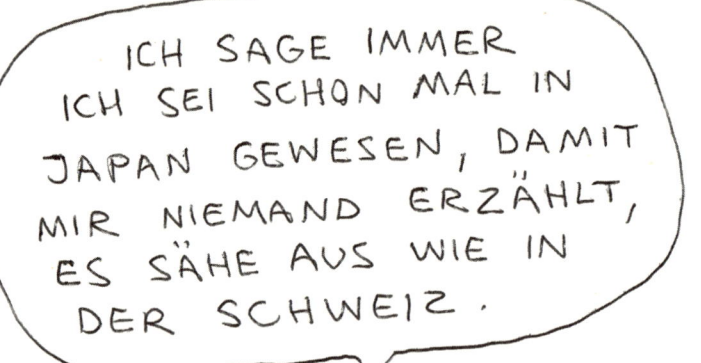

"ICH SAGE IMMER ICH SEI SCHON MAL IN JAPAN GEWESEN, DAMIT MIR NIEMAND ERZÄHLT, ES SÄHE AUS WIE IN DER SCHWEIZ."

"IN DER SCHWEIZ WAR ICH AUCH NOCH NICHT."

Lebkuchen JONNY
DIE PARTY

LEBKUCHEN JONNY LÄCHELT, TRÖSTET UND SCHWEIGT.

"ICH HAB' DOCH NUR GEFRAGT: »WAS MACHEN SIE BERUFLICH?«"

"ICH HABE MEINE SEELE VERKAUFT. SIE LIESS SICH NICHT BAUMELN."

LEBKUCHEN JONNY

BAR

"EINE FRAGE: WIE HALTEN SIE ES AUS, SICH DIE GANZE ZEIT DAS GEQUATSCHE DER GÄSTE ANHÖREN ZU MÜSSEN?"

"WENN MAL ZWISCHENDURCH EINER EINE SOGENANNTE "GUTE FRAGE" STELLT, LÄSST ES SICH AUSHALTEN."

BAR

ICH UNTERSCHEIDE ZWISCHEN PLEITE UND LEIDER PLEITE. BERLIN IST PLEITE, ICH BIN LEIDER PLEITE.

ICH MUSS DOCH WISSEN WO IN DER NÄCHSTEN SAISON DIE TASCHEN SITZEN.
?
MODE

„SO! ICH MACHE JETZT DIE „BITTE ANSCHNALLEN"-SCHILDER AN UND SIE MACHEN DIE MUSIK DAZU."

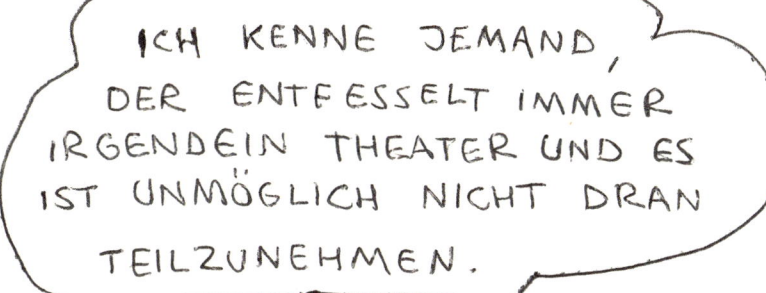

"ICH KENNE JEMAND, DER ENTFESSELT IMMER IRGENDEIN THEATER UND ES IST UNMÖGLICH NICHT DRAN TEILZUNEHMEN."

"ICH AUCH."

"HOFFENTLICH MEINEN WIR DENSELBEN, SONST GIBTS SCHON ZWEI VON DER SORTE."

"LASS! ER KANN NICHT ANDERS. ER MUSS MALEN."

ICH HABE DIE TÜR EXTRA EINEN SPALT AUFGELASSEN UND GEHOFFT, DEIN KOPF TAUCHT AUF.
HILF' PAPI INS NETZ.

KOMIK
SCHILDERE LIEBER NOCH-MAL DIESE MINUTEN IM KRIEG, DIE ÜBERAUS KOMISCH WAREN, OPI!
MÄR-CHEN
HERRLICHER FRÜHLINGSMORGEN,
HIMMEL VON DURCH-SICHTIGEM BLAU,
BLÜHENDE WIESEN,
GRÜNENDE FLUR,
EINZIGE SPUR DES KRIEGES, DIESE MÜLLHALDE.
KEINE BAUMSTÜMPFE,
KEIN DRAMATISCHER SCHWARZ-ROTER HIMMEL,
KEINE BERGE VON TOTEN,
KEIN AUFGERISSENER WEG VOLLER PFÜTZEN:
EINE SCHÖNE SONNE,
UND DANN, EIN EINZELNER AMERIKANER, DER IM BACH SEINE SOCKEN WÄSCHT.
MIT WAS EIGENTLICH?
REI?
ICH HAB HEUTE KEINE LUST ZU SCHIESSEN. UND DU?
HAST DU EIN STÜCK WEISSEN STOFF?

HÖCHSTENS MEINE UNTERHOSE.
HÖCHSTENS?
UND SO:
WE COME IN PEACE
WIE KAMM IN PISS?!?
IN OUR OPINION IT IS MUCH TOO NICE A DAY TO SHOOT EACH OTHER!
ARE YOU BELGIAN?
IT'S JUST THAT I'VE NEVER SEEN THAT FLAG BEFORE.
ÄHEM... YES... WE COME FROM A **VERY DIRTY** PART OF BELGIUM.
COOL.
GOOD BYE NOW. AND HAVE A NICE DAY!
YES, AND GOOD LUCK WASHING YOUR SOCKS!
HAHAHAA! DER AMI DENKT WIR SIND AUS **BELGIEN!**
HEEHEEHEE! THE BELGIANS THOUGHT I WAS WASHING MY **SOCKS!**

OH TANNEBAUM
OH TANNEBAUM
WIE TREU SIND
DEINE BLÄTTER
MEINE FRAU IST
ABGEHAUN
DIE KINDER
KOMMEN
WOHL
SPÄTER

(SONST WÄREN SIE LÄNGST DA)

TANTE HANNAH IST TOT. KEINER WAR BEI IHR ALS SIE STARB.
VIELLEICHT IM NÄCHSTEN LEBEN.

"STELL DIR VOR! ICH MACHE MICH HÜBSCH FÜR DIE OPER UND PLÖTZLICH HABE ICH DAS GEFÜHL DIE ZEIT DRÄNGT."

BITTE LEGEN SIE AUF, MIR FEHLT DIE KRAFT DAZU.

RATTELSCHNECK SIND MARCUS WEIMER UND OLAV WESTPHALEN, WURDEN 1963 IN MÜNCHEN UND HAMBURG GEBOREN UND LEBEN MIT INSGESAMT ZWEI KINDERN UND ZWEI FRAUEN IN BERLIN UND STOCKHOLM.

"WAS BISHER GESCHAH" ERSCHIEN IN "BERLINER SEITEN" DER FAZ
DANK FLORIAN ILLIES

"BOOT AUF DEM NIL" ERSCHIEN IN FAZ-SONNTAGSZEITUNG
DANK BARBARA LIEPERT

"STULLI" ERSCHEINT IN TITANIC
DANK OLIVER MARIA SCHMITT

"LEBKUCHEN JONNY" ERSCHEINT IN JUNGE WELT
DANK CONNY LÖSCH UND CHRTOF MEUELER

"N.Y. VERSUS BERLIN" ERSCHIEN IN DIE ZEIT "LEBEN"
DANK MORITZ MÜLLER-WIRTH

1 2 3 4 12 11 10 09
Originalausgabe
Deutsche Buchrechte bei Carlsen Verlag GmbH, Hamburg
2009
© Rattelschneck
Lebkuchen Jonny ist gezeichnet nach der Vorlage
"Das Fort der Verdammten" von Titus und Maria Jany.
Redaktion: Antje Haubner
Herstellung: Nicole Boehringer
Lithographie: Reprotechnik Ronald Fromme, Hamburg
Alle deutschen Rechte vorbehalten
ISBN 978-3-551-68041-9
Druck und Bindung: Westermann Druck, Zwickau
Printed in Germany

Der Cartoon der Woche per
E-mail. Jetzt abonnieren!
www.carlsenhumor.de
www.carlsen.de

Till Mette (Hg.) | Welcome to Amerika
64 Seiten | € (D) 9,95

Stephan Rürup | Rürups bessere Welt
64 Seiten | € (D) 9,95

Ari Plikat | Jetzt kommt das Beste!
64 Seiten | € (D) 9,95

Hauck & Bauer | Am Rande der Gesellschaft
80 Seiten | € (D) 10,00

CARLSEN
www.carlsen.de